新时代〈管理〉新思维

# 数字化供应链
## 技术赋能与产业应用

荣宾 赵韶翊 阮鹏 著

清华大学出版社
北京

## 内 容 简 介

随着数字化浪潮席卷全球，供应链这一贯穿企业决策、采购、生产、存储、运输等多环节的功能网链面临着新的机遇和挑战，供应链数字化转型迫在眉睫。

本书面向数字化时代各领域的企业，分析了传统供应链的劣势，为企业进行供应链数字化转型提供战略指导与方向指引；从核心技术角度出发，探讨四大科技如何赋能供应链数字化转型，给传统供应链带来颠覆性变革；聚焦供应链数字化实战，系统分析供应链各环节数字化转型的痛点与方向。

本书适合企业管理者、对供应链数字化转型感兴趣的人阅读，帮助他们更好地进行供应链数字化实践。

本书封面贴有清华大学出版社防伪标签，无标签者不得销售。
版权所有，侵权必究。举报：010-62782989，beiqinquan@tup.tsinghua.edu.cn。

图书在版编目（CIP）数据

数字化供应链：技术赋能与产业应用 / 荣宾,赵韶翊,阮鹏著. -- 北京：清华大学出版社, 2024.6.
(新时代·管理新思维). -- ISBN 978-7-302-66590-8

Ⅰ. F252.1-39

中国国家版本馆 CIP 数据核字第 2024M38F44 号

责任编辑：刘　洋
封面设计：徐　超
版式设计：张　姿
责任校对：宋玉莲
责任印制：沈　露

出版发行：清华大学出版社
网　　址：https://www.tup.com.cn，https://www.wqxuetang.com
地　　址：北京清华大学学研大厦 A 座　　邮　编：100084
社 总 机：010-83470000　　邮　购：010-62786544
投稿与读者服务：010-62776969, c-service@tup.tsinghua.edu.cn
质 量 反 馈：010-62772015, zhiliang@tup.tsinghua.edu.cn
印 装 者：大厂回族自治县彩虹印刷有限公司
经　　销：全国新华书店
开　　本：170mm×240mm　　印　张：14.25　　字　数：219 千字
版　　次：2024 年 8 月第 1 版　　印　次：2024 年 8 月第 1 次印刷
定　　价：79.00 元

产品编号：105004-01

# 前言 PREFACE

供应链是一种将供应商、制造商、经销商、客户串联起来的一体化网链结构，贯穿企业产品或服务生产、销售、消费以及售后服务全过程。随着数字化浪潮席卷全球，新兴技术不断迭代创新，客户对产品和服务的需求呈现多元化、个性化特点。传统供应链已无法满足企业大规模、高质量、高效率生产的要求，供应链数字化转型被提上日程。

聚焦企业供应链数字化转型这一需求，本书分基础篇、赋能篇、落地篇进行讲述。

基础篇（第1~2章）讲解了供应链数字化转型带来的产业变革、企业应如何制定供应链数字化转型战略，并对供应链数字化的未来发展趋势进行展望。

赋能篇（第3~6章）重点介绍物联网、人工智能、大数据、区块链四大技术如何为供应链数字化转型赋能。其中，物联网以其物物相连的特性助力物流智能化发展；人工智能以算法为核心，助力企业搭建数智化供应链平台；大数据以海量数据为基础，助力企业实现精细化的供应链运营；区块链能够实现信息溯源，为供应链数据安全保驾护航。

落地篇（第7~13章）将供应链各环节一一拆解，详述各环节数字化转型的具体路径，并盘点了一些国内外经典案例，以提升读者对供应链数字化转型的整体认知度。企业可以此篇为指导，优化自身供应链，推动供应链数字化转型平稳落地。

本书兼具丰富理论与翔实案例，能够帮助读者理解供应链数字化转型的重点和难点，并掌握实用方法和技巧，为企业供应链数字化转型提供助力。

企业管理者需要明白，供应链数字化转型是大势所趋，是一个由大胆试错走向成熟的过程，但企业不应操之过急、盲目转型，而应根据实际情况整合自身优势资源，平稳度过转型期。

# 目录 CONTENTS

## 基础篇 开启供应链数字化新时代

### 第1章 供应链数字化产业变革 ········· 002

#### 1.1 数字化浪潮席卷全球 ········· 003
- 1.1.1 供应链数字化转型面临的困境 ········· 003
- 1.1.2 数字化供应链 VS 传统供应链 ········· 004
- 1.1.3 供应链变革给企业带来价值 ········· 006

#### 1.2 供应链数字化创新模式 ········· 008
- 1.2.1 服务渗透型供应链 ········· 008
- 1.2.2 交易平台聚合型供应链 ········· 009
- 1.2.3 生态型供应链 ········· 010
- 1.2.4 百胜中国：以负责任供应链领跑餐饮行业 ········· 012

### 第2章 供应链数字化转型战略与趋势 ········· 014

#### 2.1 升级思维模式，复盘经典战略 ········· 015
- 2.1.1 四大战略规划意识 ········· 015
- 2.1.2 两大经典战略模式 ········· 016

#### 2.2 推动战略落地的必要条件 ········· 018

2.2.1 必备工具：供应链新模型 DCM ·················· 018
2.2.2 由 CEO 领导执行团队 ·················· 020
2.2.3 让创新和冒险成为文化 ·················· 022
2.2.4 科尔尼：先进的供应链数字化战略 ·················· 023

2.3 供应链数字化未来趋势 ·················· 024

2.3.1 供应链数字化带来"四新" ·················· 024
2.3.2 未来，供应链数字化的三大关键词 ·················· 026
2.3.3 企业如何顺应趋势 ·················· 027

## 赋能篇　供应链数字化核心技术

### 第 3 章　物联网：物物相连，供应链物流智能化 ·················· 030

3.1 智能物流：技术落地 + 全流程优化 ·················· 031

3.1.1 EPC/RFID 物品识别技术 ·················· 031
3.1.2 EMCP 物联网云平台 ·················· 033
3.1.3 构建无缝化、可视化供应链 ·················· 034
3.1.4 重药集团：医药供应链物联网平台 ·················· 037

3.2 物联网应用存在挑战 ·················· 039

3.2.1 培训供应链员工，提升工作技能 ·················· 039
3.2.2 制定数据治理策略，挖掘大数据池价值 ·················· 042
3.2.3 网络安全不容忽视 ·················· 043

### 第 4 章　人工智能：智能 + 算法，供应链平台数智化 ·················· 046

4.1 AI+ 边缘计算：构建供应链智能化平台 ·················· 047

4.1.1 人工智能驱动：云端智能与边缘智能 ·················· 047
4.1.2 深度学习能力：供应链平台升级 ·················· 048
4.1.3 分析与模拟能力：信息共享与多环节预测 ·················· 049

## 4.2 AI+智能化平台：塑造供应链生态化组织 ······ 052
### 4.2.1 纵横合作：跨部门+跨企业+跨行业 ······ 052
### 4.2.2 服务集成化，流程自动化 ······ 054
### 4.2.3 谷歌：数字孪生供应链 ······ 056

## 4.3 AI+生态化组织：强化供应链竞争优势 ······ 058
### 4.3.1 智能互联：各类主体共创价值 ······ 058
### 4.3.2 可持续发展：促进供应链绿色转型 ······ 060
### 4.3.3 以动态求稳定：打造弹性供应链 ······ 061

# 第5章 大数据：数据剖析，供应链运营精细化 ······ 064

## 5.1 大数据赋能信息化工具 ······ 065
### 5.1.1 WMS4.0：提升仓储工作效率 ······ 065
### 5.1.2 CRM系统：全渠道、精细化运营 ······ 067
### 5.1.3 沃尔玛：大数据分析覆盖供应链各组织 ······ 070

## 5.2 全面渗透：大数据技术赋能多个运营环节 ······ 071
### 5.2.1 营销优化：以用户需求为导向 ······ 071
### 5.2.2 运输网络：实现灵活多变的动态运输 ······ 073
### 5.2.3 绩效管理：助力企业降本增效 ······ 074
### 5.2.4 可口可乐：大数据优化供应链绩效 ······ 076

# 第6章 区块链：信息溯源，供应链数据安全化 ······ 078

## 6.1 "区块链+供应链"意味着什么 ······ 079
### 6.1.1 多主体共享信息：共同维护数据安全 ······ 079
### 6.1.2 产品溯源：杜绝假货流通 ······ 080
### 6.1.3 智能合约：提升企业信誉 ······ 082

## 6.2 "区块链+供应链"经典案例 ······ 084
### 6.2.1 京东：区块链赋能产品一键溯源 ······ 084

6.2.2 沃尔玛+IBM：优化食品供应链 ·············································· 085
6.2.3 腾讯"微企链"：供应链金融服务平台 ·································· 086

# 落地篇 供应链数字化产业应用

## 第 7 章 决策数字化转型 ············································································ 090

### 7.1 走近人机协同的智能决策 ·························································· 091
7.1.1 智能决策赋能传统供应链优化 ·············································· 091
7.1.2 以 AI、大数据为核心的智能决策技术 ·································· 092
7.1.3 智能决策提升供应链"大脑"的运转效率 ···························· 094

### 7.2 应对智能决策的三大挑战 ·························································· 096
7.2.1 供应不足时，智能决策如何兼顾公平与效率 ······················· 096
7.2.2 面对复杂供应场景，智能决策如何发挥优势 ······················· 097
7.2.3 智慧零售时代，智能决策如何优化零售供应链 ··················· 098

### 7.3 智能决策下的供应链数字化管理 ·············································· 099
7.3.1 智能决策是供应链数字化的核心 ·········································· 099
7.3.2 智能决策提升供应链柔性 ······················································ 101
7.3.3 华为：供应链数字化的 5 个评估维度 ·································· 102
7.3.4 联想：供应链数字化计划 ······················································ 104

## 第 8 章 采购数字化转型 ············································································ 107

### 8.1 采购数字化转型势在必行 ·························································· 108
8.1.1 痛点分析：传统采购弊端不容忽视 ······································ 108
8.1.2 数字化演进：从采购 1.0 到采购 4.0 ····································· 110
8.1.3 数字化采购与传统采购有何区别 ·········································· 112

### 8.2 数字化思维下的新型采购模式 ·················································· 114
8.2.1 共享采购：推动规模经济形成 ·············································· 114

8.2.2　集中采购：简化流程 + 控制成本 …… 115

　　8.2.3　协作采购：兼顾内部与外部协作 …… 116

8.3　SRM 系统的重要性 …… 117

　　8.3.1　SRM 在供应链数字化中的定位 …… 117

　　8.3.2　SRM 重要模块之一：寻源管理 …… 119

　　8.3.3　SRM 重要模块之二：供方管理 …… 120

　　8.3.4　SRM 重要模块之三：协同管理 …… 121

8.4　数字化采购经典案例汇总 …… 124

　　8.4.1　小米：争做数字化采购先行者 …… 124

　　8.4.2　海尔：打造互联网采购平台 …… 125

　　8.4.3　用友：通过采购云平台为企业赋能 …… 127

# 第 9 章　生产与制造数字化转型 …… 129

9.1　信息化工具的短板 …… 130

　　9.1.1　一直尝试突破的 ERP …… 130

　　9.1.2　MES 与 APS 的现状 …… 132

9.2　数字化生产激发供应链活力 …… 134

　　9.2.1　四层变革：应用层 + 操作层 + 技术层 + 感知层 …… 134

　　9.2.2　规模化敏捷开发成为企业的核心任务 …… 136

　　9.2.3　供应链数字化下的生产路径升级 …… 139

9.3　智能制造是大势所趋 …… 140

　　9.3.1　建设迎合数字化趋势的工程体系 …… 140

　　9.3.2　高效协作，建立高响应力组织 …… 144

　　9.3.3　打造现代感与科技感兼具的智能工厂 …… 145

　　9.3.4　智造单元必不可少 …… 146

9.4　数字化如何为生产制造赋能 …… 147

9.4.1　优质的产品与服务提升制造价值 ……………………………… 147

9.4.2　惊喜，机器也可以成为"工人" ………………………………… 149

9.4.3　平衡供应与需求之间的关系 …………………………………… 150

9.4.4　培养和运用"生态链思维" …………………………………… 152

## 第 10 章　仓储数字化转型 …………………………………………… 154

### 10.1　仓储正在大步走向数字化时代 ………………………………… 155

10.1.1　数字化仓储在供应链中的作用 ………………………………… 155

10.1.2　社区化仓储解决供应链末端痛点 ……………………………… 157

10.1.3　打造数字化仓库的技术依托 …………………………………… 159

### 10.2　数字化库存拥抱新时代 ………………………………………… 161

10.2.1　供应链数字化环境下的库存控制措施 ………………………… 161

10.2.2　供应商管理库存 VS 联合管理库存 …………………………… 162

10.2.3　自动化库存预测与智能补货 …………………………………… 164

### 10.3　那些不可忽视的数字化转型先锋 ……………………………… 165

10.3.1　亚马逊：牢牢抓住数字化仓储的未来 ………………………… 165

10.3.2　京东：天狼智能仓储系统的巨大魅力 ………………………… 167

10.3.3　孩子王：以补货数字化提升供应链效率 ……………………… 169

## 第 11 章　物流数字化转型 …………………………………………… 173

### 11.1　智能设计全程运输方案 ………………………………………… 174

11.1.1　解决传统运输问题 ……………………………………………… 174

11.1.2　Forto：打造与众不同的运输管理系统 ……………………… 175

11.1.3　Flexport：积极整合技术与资源 ……………………………… 176

### 11.2　物流透明化与实时追踪 ………………………………………… 177

11.2.1　打造高能见度的物流系统 ……………………………………… 177

11.2.2　如何让物流实现实时追踪 ……………………………………… 179

11.2.3 德邦发展"互联网+物流",实现透明化 ………………………… 179
11.2.4 北国商城的物流升级之道 …………………………………… 181

## 11.3 机器人流程自动化管理 …………………………………………… 184
11.3.1 什么是机器人流程自动化 …………………………………… 184
11.3.2 壹沓科技:智能机器人战略 …………………………………… 186
11.3.3 顺丰与海康机器人携手推进供应链数字化 ………………… 187

# 第12章 货物交付分析与延期预警 ……………………………………… 189

## 12.1 传统供应链的交付痛点 …………………………………………… 190
12.1.1 交付流程烦琐,准时交付率低 ……………………………… 190
12.1.2 难以认定的违约责任 ………………………………………… 192
12.1.3 需求具有变化性 ……………………………………………… 193
12.1.4 预测与响应能力较差 ………………………………………… 194

## 12.2 如何实现交付的数字化升级 ……………………………………… 194
12.2.1 引进货物 ETA 分析系统 …………………………………… 194
12.2.2 智能识别并预警延期风险 …………………………………… 196
12.2.3 全渠道交付大行其道 ………………………………………… 197

## 12.3 "数字化+交付"的代表性案例 …………………………………… 199
12.3.1 日化企业:以打造全渠道供应链实现订单交付 …………… 199
12.3.2 运易通:注重物流履约质量 ………………………………… 201
12.3.3 西门子:供应链数字化赋能交付周期缩短 ………………… 202

# 第13章 供应链金融数字化转型 ………………………………………… 205

## 13.1 供应链金融变革:深度数字化 …………………………………… 206
13.1.1 数字化转型:供应链金融的定义与场景 …………………… 206
13.1.2 供应链金融数字化转型的价值 ……………………………… 207
13.1.3 供应链金融数字化需要哪些技术 …………………………… 208

  13.1.4 微众银行：以数字金融服务助力现代化体系建设 ············ 209

  13.1.5 网商银行：以"大雁系统"升级数字金融 ················ 211

 13.2 实现数字供应链金融的要点 ································ 211

  13.2.1 挑战与创新 ········································ 211

  13.2.2 规模与投入 ········································ 212

  13.2.3 收益与用户体验 ···································· 213

  13.2.4 预测与协同 ········································ 213

  13.2.5 组织与战略 ········································ 214

  13.2.6 菜鸟：自主升级供应链金融服务 ······················ 215

---
基础篇
---

# 开启供应链数字化
# 新时代

# 第1章 供应链数字化产业变革

随着互联网与信息技术不断发展，数字化浪潮席卷全球，各领域的企业都在谋求转型，以迎接数字化时代的到来。作为支撑企业运营的"经络"，供应链亟须进行数字化转型。本章将讲解供应链数字化转型的机遇和挑战，并展现几种具有代表性、创新性的数字化供应链模式。

## 1.1 数字化浪潮席卷全球

在数字化时代,传统供应链弊端凸显,数字化供应链受到更多企业的青睐。但实现从传统供应链到数字化供应链的转型不会一帆风顺,企业需要直面挑战、突破困境、敢于变革,以充分挖掘数字化供应链的价值。

### 1.1.1 供应链数字化转型面临的困境

对于企业来说,供应链是其长久运营的重要支撑,与组织架构、员工构成等要素相互影响、共同发展。因此,供应链数字化转型需要企业领导层、基层员工、供应商、经销商等多方配合,其中的困难可想而知。

具体来说,供应链数字化转型面临的困境主要体现在以下几个方面。

**1. 组织架构的重建**

由于业务、职责以及权限等方面的不同,企业内部各部门都有一套自己的办公系统和工作流程,各部门之间交流很少,形成一个个孤岛。供应链数字化转型要求企业组织架构中的所有部门无缝衔接、协同响应,需要各部门升级思维模式,共同建立标准化的组织架构,这给领导层和员工带来了新的挑战。

**2. 技术与业务的配合**

从技术层面来说,许多企业对供应链数字化转型需要的技术不够了解,仍依赖传统系统。传统系统无法兼容数字经济时代的企业发展方案,可操作性、交互性较弱。企业不得不聘请专业技术人员对传统系统进行升级换代,这需要消耗巨大的时间和经济成本。

供应链的运转以具体业务为导向,这就要求企业技术人员深谙业务逻辑,与业务人员通力合作,共同优化供应链。

### 3. 数据准确性与安全性

由于供应链数据来源复杂、规模庞大、抓取困难、无法忽视人为干扰，因此企业难以保证数据的准确性。对于大型企业来说，供应链数据的权限较高，技术人员难以看到数据全貌，因此很难从整体角度分析数据、优化业务流程。

同时，供应链数字化转型依赖于互联网，数据泄露风险大幅增加。企业需要聘请专业人员，购买专业设备，对供应链中的通信和交易过程进行实时监控，这是一笔不小的开支。

供应链上包含信息、资金、商品与商品价值的流通，数字化转型是供应链降本增效的重要突破口。就目前来说，技术水平低下不是供应链数字化转型的最大阻碍，企业如何利用好技术，如何让员工、业务和组织协调一致才是供应链数字化转型的关键。

## 1.1.2　数字化供应链 VS 传统供应链

进入数字经济时代，传统供应链弊端凸显。供应链数字化转型的首要目的就是消除传统供应链的弊端，助力企业实现良性发展。首先，我们需要剖析传统供应链究竟存在哪些问题。

### 1. "牛鞭效应"：供应链失调

"牛鞭效应"是指在供应链各主体难以共享信息的情况下，需求信息被扭曲而逐级放大，信息波动越来越大，从图形上看仿佛甩动的牛鞭一般。"牛鞭效应"是零售商和供应商博弈的结果，产生的原因十分复杂，包括需求预测与实际需求的差异、批量订货决策、价格波动、供不应求时的短缺博弈、库存责任失衡、交付环境变化等。

### 2. 对市场变化的感知迟钝

用户对产品、服务的需求日益多元化，传统供应链无法充分利用互联网技术快速响应用户需求。这不仅导致企业内部业务流程僵化，还导致企业无法预测和分析用户的具体诉求，无法为用户提供个性化的产品和服务。

### 3. 难以可持续发展

传统供应链管理格外注重对成本的控制，主张通过低成本的生产模式争取最大化利益。这不仅使企业产品或服务的质量难以保证,还可能造成资源浪费、环境污染等社会问题,进而损害企业形象,导致企业难以可持续发展。

针对以上三大问题,数字化供应链给出了有效的解决方案。

**1. 信息透明化,消除"牛鞭效应"**

消除"牛鞭效应"是企业优化供应链管理的一个重要手段。常见的消除方法包括稳定或缩短物料交货时间、精简作业流程、减少流通环节、降低需求的可变性、采用先进信息技术或数字化手段以实现供应链上不同企业间的信息共享,以及制定与实行合理的库存策略等。

数字化供应链运用EDI(Electronic Data Interchange,电子数据交换)方法,简化供应链各环节之间的交易流程,提升交易速度,确保交易全程透明。该方法将用户的真实需求反馈至供应链各主体,避免多主体独立预测,减缓需求波动。

同时,数字化供应链采取VMI(Vendor Managed Inventory,供应商管理库存)策略,由供应商共享企业的实时库存与消耗数据。在大数据支持下,供应链各主体能够及时了解产品库存情况,避免盲目备货造成的资源浪费,提高供应链效率和效益。

**2. AI+BI:洞察用户需求**

数字化供应链将AI(Artificial Intelligence,人工智能)技术与BI(Business Intelligence,商业智能)平台相结合。BI平台能够收集企业产品的历史销量、库存情况、节假日活动、促销活动等多方面数据。

AI利用其深度学习与建模能力,整合、清洗相关数据,分析用户需求,进而建立需求模型,预测未来一段时间的销量。AI与BI的结合使企业能够及时感知市场变化,提高库存周转与物流运输的效率。

**3. SCM:促成供应链可持续发展**

数字化供应链运用SCM(Supply Chain Management,供应链管理系统),在产品生产环节与MES(Manufacturing Execution System,制造执行系统)协同,根据产品库存、预测需求和企业生产水平调整生产计划,从而优化资源配置,减少成本浪费。

SCM与物联网技术相结合,能够优化产品运输路线,减少污染物排放量与能源损耗。同时，企业可以在数字化平台上展示供应链中的环境数据，向用户传达企业可持续发展的愿景和理念，从而树立积极承担社会责任的良好形象。

综上所述，数字化供应链利用先进技术，提升供应链各环节运转效率，解决传统供应链困扰企业的难题，从而帮助企业提高竞争力、实现良性发展。

### 1.1.3 供应链变革给企业带来价值

供应链数字化转型是对传统供应链进行颠覆式重构，对企业的稳定经营与可持续发展具有重要价值。供应链变革给企业带来的价值如图1–1所示。

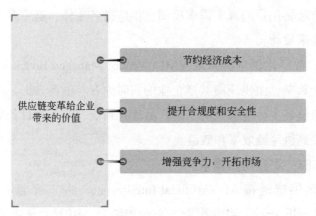

图1–1 供应链变革给企业带来的价值

#### 1. 节约经济成本

供应链数字化转型产生的较为直观的作用是节约企业经营成本，尤其是人力成本。在物流环节，基于AI技术的AGV（Automated Guided Vehicle，自动导向车）能够完成货物装卸、搬运等工作，在节省人力成本的同时，实现货物运输自动化、柔性化和准时化。

RPA（Robotic Process Automation，机器人流程自动化）系统在订单处理工作中发挥重要作用。通过标准化的程序设定，RPA系统能够自动查询订单数据，整理并导出文件，节约人力成本。

此外，供应链数字化转型能够优化产品生产流程。例如，借助数字化供应链系统，制造企业对零部件的需求与供应商的供应计划精准对接，零部件运送到工厂后被直接传送到生产线上，省去了仓储环节，有助于制造企业节约仓储成本，精准把控产品交付时间，简化产品上市流程，实现"短链"运作。

**2. 提升合规度和安全性**

针对近年来备受关注的"暴力分拣"问题，数字化供应链给出了解决方案。一方面，AGV能够代替一部分分拣人员，实现柔性、智能分拣；另一方面，监控摄像头、物联网技术与云端平台相结合，实现分拣工作的全流程监控，企业能够及时发现员工的暴力分拣行为并予以纠正。

智能监控技术还可用于保护员工的人身安全。该技术能够判断员工是否正确佩戴头盔、护目镜、安全手套等防护用具，进行相关作业时是否遵循基本安全规范等。此外，部分企业在员工工服内部安装芯片，其内部传感器会在人机距离过近时发出警报，并自动降低机器转速，可有效避免安全事故的发生。

**3. 增强竞争力，开拓市场**

企业想要在不断变化的市场中站稳脚跟、开疆拓土，就要增强自身竞争力。增强竞争力的关键就是提高对用户需求的及时响应能力。

一方面，企业可以构建完善的SRM（Supplier Relationship Management，供应商关系管理）系统，确保供应商信息实时更新，精准掌握其供货情况。这一系统使企业具备稳定的交付水平，可以增强用户黏性。

另一方面，随着新媒体技术不断发展，企业可以运用抖音、微信等社交软件建立完善的用户服务与反馈体系，优化用户购物体验，更好地引流。不仅如此，借助社交媒体的即时性、交互性等特征，企业能够及时感知用户需求，挖掘潜在用户，从而扩大用户基数与市场份额。

供应链数字化转型是大势所趋，其中既有机遇，也有挑战。企业需要紧跟转型趋势，根据自身情况制订有针对性的转型方案，利用数字技术创造无限价值。

## 1.2　供应链数字化创新模式

随着供应链数字化转型的深入,以服务为核心的创新型供应链模式不断涌现,如服务渗透型供应链、交易平台聚合型供应链、生态型供应链等,为企业进行供应链变革提供可行性支持。

### 1.2.1　服务渗透型供应链

服务渗透型供应链又叫嵌入式供应链,是一种新型数字化供应链金融模式。该模式以金融普惠为核心目标,推动供应链金融服务渗透小微企业,帮助企业获得优质、安全的融资服务。

传统供应链的金融服务通常由商业银行与物流企业合作提供,供应链上的核心企业难以占据主导地位。在金融服务中,银行需要耗费大量的时间和精力检验核心企业的质押物及各种凭证,服务流程复杂,耗时较长。因此,传统供应链的金融服务易引发企业信用、融资审批等多方面风险。

此外,传统供应链上的核心企业控制力较弱,链上的其他企业对其归属感不强。核心企业无法充分利用相关资源,而第三方物流企业发展水平参差不齐,导致供应链金融迟迟得不到发展。

服务渗透型供应链可以助力企业将金融业务模块融入企业管理软件中。基于此,金融机构不必依靠第三方企业,即可直达核心企业场景端,让金融服务渗透供应链核心企业。

例如,某企业旗下产品"嵌入式供应链金融 SaaS(Software as a Service,软件即服务)平台"为供应链核心企业提供优质、便利的金融服务。在核心企业端,该平台收集企业资金需求,分析业务场景。在金融机构端,该平台对金融机构信用等级进行评估,协助金融机构推出订货、供货贷款,ABS(Asset Backed Security,资产支持证券)等产品,提高资金周转效率。

对于小微企业来说,服务渗透型供应链使其拥有金融服务主导权,助其打通上下游企业关系,最大限度地利用资源,降低资产负债率,提升数字信用水平。对于金融机构来说,服务渗透型供应链帮助其快速识别金融风险,优化贷款流程,提升服务水平。金融机构能够借此挖掘更多企业客户,并为其提供批量服务。

综上所述,服务渗透型供应链主要应用于金融服务领域,帮助企业优化产业链,实现降本增效,提高金融服务对小微企业的渗透率,让高效融资服务惠及各行各业。

### 1.2.2 交易平台聚合型供应链

交易平台聚合型供应链将核心企业、供应商、经销商等供应链成员集中在一起,形成统一的供应链交易平台。该类型供应链具备四大优势,如图1-2所示。

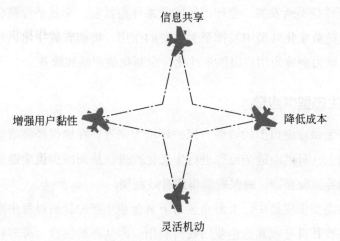

图1-2 交易平台聚合型供应链的四大优势

#### 1. 信息共享

交易平台聚合型供应链要求供应链上各成员及时上传产品生产、库存、运输等方面的信息,利用大数据技术对各方数据进行集中式管理,确保供应链各成员信息共享、及时交流。

#### 2. 降低成本

在信息共享基础上,供应链各成员能够及时统一采购需求,避免重复采购造成资源浪费。同时,供应商能够整合各成员配送信息,制订合并配送方案,避免重复配送增加物流成本。通过对供应链各环节进行整合、优化，省去不必要的环节，企业能够降低供应链全链路的成本，提高利润率。

**3. 灵活机动**

基于交易平台聚合型供应链的协作机制，企业能够适应不断变化的市场环境，根据市场需求灵活调整产品方案。该类型供应链集中管理企业之间交互的重要信息，从而更好地匹配供需关系，避免供需失衡。

**4. 增强用户黏性**

基于灵活机动的生产流程，企业能够为用户提供多元化、定制化的产品，缩短产品交付周期，优化用户购物体验，提升用户满意度。交易平台聚合型供应链能够有效增强用户黏性，帮助企业挖掘潜在用户，提升复购率。

随着科技不断发展，全球市场的联系日益紧密。交易平台聚合型供应链在供应链数字化转型中发挥至关重要的作用，将朝着数字化、智能化方向发展，助力企业为用户提供个性化、定制化的产品和服务。

### 1.2.3 生态型供应链

生态型供应链以节约资源、保护环境为宗旨，在确保经济效益相对稳定的基础上，对供应链全流程进行生态化改进，从而减少供应链运作过程中产生的各类废弃物，确保资源得到有效利用。

在生态型供应链中，上游企业为下游企业生产原材料过程中产生的废弃物能够被其自身或其他企业回收再利用。即使不被回收，废弃物也能够自然降解。在理想状态下，生态型供应链能够实现对资源的 100% 利用；在非理想状态下，也能够将废弃物对环境的危害降至最低，从而保护生态环境，实现企业与环境的可持续发展。

具体来说，生态型供应链具有两大优点，如图 1-3 所示。

**1. 持续性**

生态型供应链的持续性体现在活动和产品两个方面。

在活动方面，生态型供应链要求企业具备较强的管理能力，确保供应链始终处于被监管的状态，从而使资源的"利用—回收—再利用"保持在较高的水平。

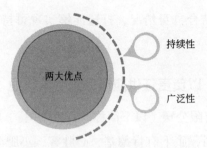

图 1-3　生态型供应链的两大优点

在产品方面,生态型供应链延长了产品的寿命。即使产品报废,其零部件也能被回收再利用,成为后代产品的原材料。因此,生态型供应链提高了全链资源的利用率,使供应链运作始终保持稳定状态。

**2. 广泛性**

生态型供应链的主要作用是保护环境。对于各行各业的企业来说,保护环境是其必须承担的社会责任。生态型供应链打破了企业间的壁垒,促使各企业建立战略合作关系。在生态型供应链模式下,企业能够拥有更广阔的战略视野,从而优化供应链管理策略,合理规划供应链活动。

以某日化集团为例,该集团采取一系列措施打造生态型供应链,为保护环境贡献自己的力量。具体措施如下:

(1)该集团在江苏省建造太仓工厂,利用风力发电实现二氧化碳零排放,通过精益管理降低厂内水资源消耗,实现工业污水零排放。

(2)该集团位于天津市西青区的工厂利用太阳能、地热能发电、制热,利用冬季自然冷源制冷。

(3)该集团成立了绿色供应链管理小组,构建并落实了温室气体排放量核算体系,对温室气体排放进行追踪、考核。

(4)该集团将绿色、环保、合规作为与供应商合作的先决条件,对供应商的废水、废气等污染物的排放量进行监测。

(5)该集团积极推动能源管理由传统能效模式向数字化能效模式转变,基于工厂中能源消耗数据和传感器,搭建数字化能源管理平台,及时发现用能异常并尽快解决。

生态型供应链对企业资源利用能力、组织管理能力提出了较高要求,效益显著,能够提升企业竞争力,助力企业树立承担社会责任的良好形象。因此，企业需结合自身情况，打造能够实现可持续发展的生态型供应链。

### 1.2.4　百胜中国：以负责任供应链领跑餐饮行业

百胜中国控股有限公司（以下简称"百胜中国"）成立于 2016 年，是一家知名的餐饮公司，旗下有肯德基、必胜客、小肥羊等多个餐饮品牌。多年以来，百胜中国秉承"以人为本"的发展理念，打造负责任供应链，与员工共同努力，建设富有中国特色的优质餐饮企业。

在采购环节，百胜中国以国内外相关法律法规为准绳，制定供应商 CSR（Corporate Social Responsibility，企业社会责任）审核评价标准。在未成年员工、工资福利、歧视、健康、安全、工作时间、安保等多个方面，百胜中国严格审核供应商企业，并对其进行分类管理。

同时，百胜中国坚持与时俱进，2021 年将"节能减排"纳入供应商社会责任审核评价标准，并为供应商提供线上培训，监督其按时提交纠正预防行动计划，帮助其提升经营水平。不仅如此，百胜中国还坚持本土化采购，与我国的供应商开展深度合作，降低食品安全风险，提升自身竞争力。

在零售方面，百胜中国积极探索新零售市场，推出新零售预制菜，扩充产品线，占领餐饮市场更多份额。

在物流方面，百胜中国成立了全资子公司——传胜供应链管理有限公司。百胜中国在我国拥有 30 多个物流中心，还构建了物联网冷链监控系统，实现供应链物流的数字化转型。车载温度监控设施与大数据、边缘计算、云计算等技术结合，使得冷藏运输车的实时温度、轨迹等相关数据能够被及时上传至物联网冷链监控系统中，确保冷链全链运营透明化。

在与餐厅交接的过程中，传胜供应链将 TMS（Transportation Management System，运输管理系统）与 E-POD（Electronic Proof of Delivery，电子回单）系统相结合，包含货物温度和车辆轨迹的电子单据将被直接上传至平台，减少纸张、人力等资源的消耗，提升交接效率，确保食品安全透明化。

在营销方面，百胜中国以"Z 世代"（1995—2009 年间出生的人）为目标用户，旗下品牌肯德基推出"疯狂星期四""周日疯狂拼"等促销活动；与风靡全球的 IP 宝可梦合作，推出联名玩具。必胜客则与我国知名网络游戏《原神》合作，吸引众多玩家前往线下餐厅打卡留念。

在消费市场持续复苏的背景下，百胜中国坚持以人为本、以食为天，在保证食品安全的基础上不断创新业务模式，以负责、高效、灵活的优质供应链领跑我国餐饮行业。

# 第 2 章 供应链数字化转型战略与趋势

供应链数字化转型战略因企业而异。企业需要升级思维模式,从优秀转型案例中汲取经验,推动供应链数字化转型尽快落地。本章聚焦供应链数字化转型的战略规划与未来趋势,深入讲解企业必备的四大意识、经典战略模式、战略落地的必要条件等内容,为企业供应链数字化转型提供一定的指导。

## 2.1 升级思维模式,复盘经典战略

供应链数字化转型不仅是企业对先进技术的充分利用,更是企业对自身商业思维的优化升级。企业需要具备四大战略规划意识,从经典战略模式中找到转型方向。

### 2.1.1 四大战略规划意识

供应链数字化转型需要企业管理层具备数字化意识,转变传统的供应链管理思维,将数字化技术应用到供应链管理中。企业管理层需要具备以下四大战略规划意识。

#### 1. 统筹意识

统筹意识要求管理层从企业全局出发,以数据为导向,对供应链数字化转型进行长期规划。统筹意识落实到具体工作中,主要表现为供应链仓储与物流网络的布局优化,包括采购计划、生产计划、供应商配送、库存等多个方面的优化工作。管理层需要统筹全局,分析影响库存、物流运输的关键因素,从整体上对供应链管理进行优化和完善。

#### 2. 协同意识

协同意识要求供应链上下游企业以及各企业内部各部门之间打破信息壁垒,通力协作,共同实现效益最大化。协同意识落实到具体工作中,主要表现为采购、生产、运输、库存和销售等工作的协同。

通过供应链成员之间的协同合作,链上企业能够专注于有优势的业务,提升专业化水平,降低交易成本,进而缩短产品生产周期,对用户需求迅速响应。

### 3. 柔性供应链意识

柔性供应链意识要求企业打造适应性强、反应敏捷的新型供应链，即柔性供应链。基于信息技术，柔性供应链能够实现供应链管理的透明化和协同化、供应链成员协同合作、供应商和物流企业合作关系多元化，具有灵活、敏捷、低成本、低风险的特点。

通过打造柔性供应链，企业能够提升生产效率和质量，在一定程度上规避经营风险，减少不必要的生产、仓储与物流成本，提高竞争力。

### 4. 用户为先意识

用户为先意识要求企业以用户为导向，为用户创造价值。对于用户来说，一方面，他们希望产品的功能和质量符合自己的心理预期；另一方面，他们希望企业能够提供多元化的服务，即用户只需要说出自己的需求，企业就能为其匹配合适的服务方案。

想要获得用户的认可，企业必须树立用户为先的意识，确保产品信息公开透明。企业还要收集用户使用产品的数据，分析用户的潜在需求，为用户提供个性化、精细化的服务。

综上所述，企业需要树立统筹意识、协同意识、柔性供应链意识和用户为先意识，从全局出发，与供应链成员之间实现信息共享，优化供应链各环节的组织结构，为用户提供超出其预期的优质产品。

## 2.1.2 两大经典战略模式

供应链数字化转型的经典战略模式有两种——协同战略和细分战略。

### 1. 协同战略：纵向协同 + 横向协同

协同战略是指两个及两个以上的企业基于共同的目标进行协同合作，共同承担供应链决策和执行工作。

协同战略分为纵向协同和横向协同。纵向协同是指处于供应链上不同环节或不同级别的两个及两个以上企业开展合作，企业之间职责共担、资源共享，所服务的用户具有一定的相似性。横向协同是指处于供应链上同一环节或同一级别的两个及两个以上企业开展合作，合作企业目标一致，取长补短，能够提升供应链运作效率。

供应链数字化转型意味着传统的线性供应链向 DSN（Digital Supply

Network,数字供应网络)发展,如图 2-1 所示。

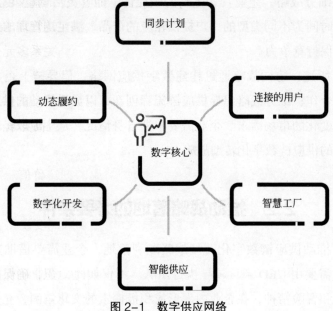

图 2-1 数字供应网络

DSN 将供应商、企业与用户相连接,为用户提供端到端的可视化服务,使协同战略充分发挥作用。以数字化协同平台为载体,链上企业能够共享信息资源。人工智能技术助力企业预测供应链各环节工作时长,把握关键时间节点,提高供应链整体生产能力。

在 DSN 的支持下,供应链能够同时实现横向、纵向协同。链上企业能够在采购、生产、营销等环节收获巨大效益,实现全链共赢。

**2. 细分战略:成本+服务+敏捷性**

细分战略是通过细分各类用户,制订差异化的供应链解决方案,进而满足不同类型的用户需求。细分战略需要从 3 个维度进行规划,分别是成本、服务和敏捷性。

在制定差异化战略的过程中,企业需要考虑战略落地消耗的成本、供应链上企业与用户的关系、用户的价值主张能否通过供应链得到落实等问题。

在这一过程中,一个重要的步骤是细分用户。企业需要通过物联网设备、POS(Point of Sale,销售时点信息)系统等收集用户使用产品的数据,将用户划分为不同类型的群体并进行详细分析,将结果反馈至技术部门、业务部门以及供应链管理团队，以便为用户提供个性化服务。

通过细分战略，企业具备更高的敏捷性，能够灵活调整供应链活动；在合适的时间为不同类型的用户提供相应的产品，满足用户需求，增强用户黏性，保持竞争力。

综上所述，协同战略通过构建数字供应网络，倡导链上企业打破壁垒、协同合作；细分战略倡导供应链流程创新，以灵活机动的供应链架构适应不断变化的市场需求。企业需要根据自身情况，从中汲取经验，制定适合自身的供应链数字化转型战略。

## 2.2 推动战略落地的必要条件

想要推动供应链数字化转型战略顺利落地，企业需要借助数字化工具，并且需要由 CEO 亲自领导执行团队。不仅如此，企业还需要培养员工的创新和冒险精神，在企业内部形成积极探索的文化氛围，充分释放集体智慧的价值。

### 2.2.1 必备工具：供应链新模型 DCM

DCM（Digital Capability Model，数字能力模型）是一种面向互联网的供应链管理工具。该模型是 SCOR（Supply Chain Operations References，供应链运营参考）模型的数字标准，主要具备 6 项数字化功能，如图 2-2 所示。

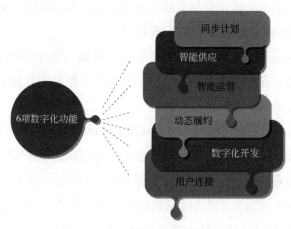

图 2-2　DCM 模型的 6 项数字化功能

**1. 同步计划**

同步计划功能以核心企业的战略目标为基准，评估链上各企业的财务状况和财务目标，制订供应计划，并以此为基础制订各企业相互关联、同步运行的具体业务计划。该功能强调供应链各成员步调一致、同步运行。

该功能通过搭建敏捷的供应网络，增强信息资源的可见性，确保企业之间、企业内部各部门之间能够实时协作，提升跨职能决策效率，从而为用户提供更优质的产品和服务，最终改善企业财务绩效，确保供应链转型战略顺利落地。

**2. 智能供应**

智能供应功能旨在优化供应链采购环节，将自动化、智能化能力纳入采购职能，严格筛选供应商，并对其进行分类管理。该功能对采购环节的各企业、各部门产生深刻影响，能够提升采购工作效率，改善企业与供应商之间的关系，降低采购风险。

**3. 智能运营**

智能运营功能以用户需求为核心，利用大数据、AI 大模型等先进技术，为用户提供定制化的产品和服务。智能运营功能与企业运营人员协同，能够实现运营资源最优利用和投入产出比最大化，精准覆盖用户全生命周期，实现运营绩效阶梯式增长。

**4. 动态履约**

动态履约功能可以助力企业构建动态配送网络。该功能利用信号互联传输技术，打造安全可靠的产销监管链，为配送车辆设定最佳运输路线，确保运输工作高效进行。作为跨企业系统，动态配送网络连接供应链上下游企业和用户，企业之间能够实现跨职能协作，提升物流配送响应能力，实现全渠道订单高效履约。

**5. 数字化开发**

数字化开发功能协助企业搭建通用开发平台和协同生态系统。协同生态系统包含数字生态系统、场所生态系统、员工生态系统，能够促进企业各部门之间积极沟通，建立融洽的关系，提高工作效率。同时，该功能利用 MBD（Model Based Definition，基于模型的定义）搭建产品研发模型和用户消费模型，提高产品研发效率和质量，加速概念验证。

**6. 用户连接**

用户连接功能使供应链和用户需求对接，通过收集、分析用户使用产品的数据，追踪产品状态，为用户提供自助服务平台和定制化体验，必要时还可以为用户提供现场服务。该功能可以强化企业与用户之间的联系，提升用户对企业的好感度，增强用户黏性。

DCM是推动供应链数字化转型战略顺利落地的必备工具，企业可以根据自身情况，利用该模型优化供应链组织架构，提升供应链运作效率。

## 2.2.2　由CEO领导执行团队

从某种程度上来说，供应链数字化转型也是对企业商业模式、业务模式的优化升级。转型能否成功，取决于企业的管理水平是否与各种先进的数字化系统的能力相匹配。而要想使企业保持较高的管理水平，供应链数字化转型的执行团队必须由企业CEO亲自领导，原因有以下几个。

（1）CEO具备强大的推动力。供应链数字化转型势必会改变各部门员工的工作习惯，重新划分部门职责。对于各部门员工来说，无论是否愿意，他们都需要走出舒适圈，适应新形势，学习新技术，培养新能力，融入新团队。显而易见，转型工作面临重重阻力。这就需要CEO发挥强大的推动作用，带领企业员工从个人层面积极转型，从而实现供应链全链路效能提升。

（2）CEO具备敏锐的洞察力。CEO能够科学地分析市场环境、竞争格局、用户需求和市场趋势，敏锐地感知到这些方面发生的变化，捕捉到市场中的潜在发展机遇，明确战略方向；结合企业发展情况选择合适的数字化转型工具，进而确定企业提供产品或服务的平台和方式。

（3）CEO具备强大的决策力。供应链数字化转型过程中所需工具需要根据转型进度灵活调整，管理模式也需要在不断尝试中趋于完善。这就需要CEO具备强大的决策力，在转型过程中果断决策、勇于担责，从而激励企业员工大胆尝试、小心求证，把握转型过程中的关键节点。

CEO在转型过程中的主要任务通常有以下3个。

**1. 延长价值链条**

对于供应链核心企业来说，供应链数字化转型需要以强大的信息化能力和经济实力为支撑，以供应链的复杂性为原动力。而链上中小微企业角色定位单一（如供货、代工、分销等），其本身不具备较高的收入水平，转型能力不足，转型意愿也不强烈。

基于上述情况，供应链价值链条需要进行横向延长。一方面，核心企业需要弱化采购、分销等单一环节，利用大数据技术沉淀产业数据，提升对外提供服务的能力，挖掘潜在增值机会，优化品牌形象。另一方面，中小微企业需要优化外部生态环境，搭建跨企业数字化平台，实现技术、产能共享，进一步提升运营能力。

**2. 提升用户获利能力**

用户获利能力是指企业在一定时间内，从用户身上获取利润的能力。企业需要提升用户获利能力，并以此为基础制订转型计划。

首先，企业需要利用新媒体技术，通过微信、微博等多种渠道吸引用户，扩大用户基数，并通过高频率互动促使用户了解产品信息。

其次，在产品质量稳定和用户体验良好的基础上，企业可以设计奖励机制，促使现有用户通过社交媒体分享产品，提高产品曝光度，进而挖掘潜在用户。

最后，企业需要对用户全生命周期进行管理，收集、分析用户使用产品的数据，为其制订个性化的产品推荐方案，进一步增强用户黏性，提升用户转化率。

**3. 建立合作伙伴生态系统**

合作伙伴生态系统能够加强核心企业与合作伙伴之间的联系，通过筛选和管理合作伙伴，优化资源配置，提升企业运营效率。该系统为企业及其合作伙伴提供平等参与的商业环境，确保系统成员信息共享。

该系统能够搭载 LMS（Learning Management System，学习管理系统）组件，为合作伙伴提供学习机会，方便其及时了解核心企业的最新产品信息。不仅如此，核心企业还能够在该系统中创建奖励规则，激励合作伙伴积极推广产品，推动营销增长。

综上所述，CEO 领导执行团队能够提升企业全体员工对供应链数字化转型的重视程度，促使各部门员工积极配合，共同推动供应链数字化转型战略落地。

### 2.2.3 让创新和冒险成为文化

供应链数字化转型中机遇与挑战并存,企业需要培养员工的创新与冒险精神,通过集体智慧推动转型战略完善与落地。

以某跨国科技企业为例,在该企业的员工餐厅中,员工等餐时间通常为4分钟左右。在这段时间内,不同部门的员工相互交流,许多富有创造力的想法由此诞生。此外,在该企业创立早期,创始人每周五都会召开员工大会,员工在会上既可以自主讨论相关项目,也可以跨部门调动所需资源。

员工参与企业层面的创新能够为企业制定供应链数字化转型战略提供更多灵感,例如,头脑风暴、"世界咖啡"等形式都能激发员工的互动和创造欲望,进而为企业创造更大的价值。

企业管理层需要具备冒险精神,在深刻了解企业供应链现状的基础上,分析供应链数字化转型风险,果断决策,科学处置风险。这需要管理层具备科学的风险管理思想。

首先,管理层需要明白风险是客观存在、很难避免的,惧怕风险只会限制思维和灵感的散发,使企业可选择的余地大幅缩小。

其次,管理层需要分析供应链数字化转型所面临的风险的构成要素以及可能的来源。

再次,管理层需要评估风险的危害程度和发生概率。在风险危害程度评估上,管理层不能抱有侥幸心理,而要最大化地评估风险给企业造成的损失。在发生概率评估上,管理层需要利用大数据、人工智能等先进技术,结合自身经验评估风险发生的概率。

最后,管理层需要根据分析结果制订风险处置预案。对于一旦发生企业将难以承受的风险,管理层需要减少或调整可能引发此类风险的战略决策,尽可能规避风险、减少损失。

供应链数字化转型需要企业全体员工共同努力,管理层需要让创新和冒险成为企业文化的一部分,鼓励员工大胆创新,勇于面对转型带来的挑战,推动供应链数字化转型在企业内部全方位落地。

### 2.2.4　科尔尼：先进的供应链数字化战略

科尔尼咨询管理公司（以下简称"科尔尼"）成立于1926年。自成立以来，科尔尼致力于为全球各领域的企业提供管理咨询服务，帮助企业解决战略、组织、运营等方面的问题，助力企业实现服务转型。

近年来，随着原材料成本、国际运费以及用户需求的变化，不少服装企业原有的供应链面临巨大挑战。例如，企业无法精准掌握用户和市场需求，产品生产周期延长，导致企业无法及时为用户提供优质产品，企业盈利大幅度减少。

针对此类问题，科尔尼提出"韧性供应链"方案。科尔尼认为，企业应当提高供应链韧性，以在市场环境发生剧烈变化时保持较高的稳定性，将损失降至最低，从而平稳度过动荡期，在需求再次增长时重新获得利润空间。具体来说，科尔尼给企业提供了以下建议。

**1. 减少"长尾SKU"**

企业需要筛选出SKU（Stock Keeping Unit，最小存货单位）过多的产品品类。对于服装企业来说，款式、颜色以及尺码即可构成一个SKU，如"红色L码长款连衣裙""黑色XL码工装裤"等。

如果某一品类的SKU数量贡献率高于销量贡献率，说明该品类SKU冗余，属于问题品类，需要企业重点关注。在确认问题品类后，企业需要利用商品累计销售曲线评估其SKU效率。

**2. 优化国际运输现状**

首先，企业需要做好产品运输前的准备工作，例如，根据产品的材质为其选择合适的包装，清点产品数量，做好产品运输风险评估，为产品购买运输保险等。

其次，企业需要结合自身产品在全球范围内的流向选择合适的运输方式和信誉良好的物流商，确保海运、报关规范化，提高运输效率。

最后，在产品运输期间，企业需要和物流商以及国外买家保持密切联系，确保信息畅通，避免信息传达不及时导致运输延误。

**3. 建设备用供应基地**

企业需要与战略合作伙伴积极沟通，建设备用供应基地，降低供应中断风险。同时，企业需要完善用料准备机制，确保原材料及时供应。

#### 4. 强化库存管理

企业应当充分利用人工智能技术，根据历史销量数据构建用户消费模型，预测用户需求，进而提高响应能力。同时，企业需要和供应商、经销商共享销量数据，确保供应商有效备料、精准规划产能，经销商及时补货，实现供求关系稳定。

科尔尼认为，在当下经济环境中，服装企业需要评估自身供应链韧性，及时发现漏洞，优化相关环节，降低供应链脆弱程度，进而快速适应市场变化，提升总体竞争力。

## 2.3　供应链数字化未来趋势

供应链数字化转型不仅变革传统供应链的运作模式，还给经济社会带来新的变化。未来，供应链将朝着一体化、定制化、数智化方向发展。在供应链数字化潮流下，企业需要顺应趋势，稳步转型。

### 2.3.1　供应链数字化带来"四新"

对于企业来说，供应链数字化转型使其产生新的业务目标和产品研发方向。对于市场来说，供应链数字化转型使其产生新的产业格局和商业模式。总而言之，供应链数字化转型给经济社会带来"四新"。

#### 1. 新业务

随着供应链数字化转型稳步推进，企业需要更新自身的业务目标，在业务场景、业务效能和业务协同3个方面做出改变。

在业务场景方面，越来越多的互联网企业开始重视供应链采购体系的数字化建设，即打造专业、全面的SRM平台。该平台能够确保采购全流程可视化、自动化，具备供应商寻源和管理功能。

在业务效能方面，电子合同、电子签章以及电子发票等数字化工具成为必需品。数字化工具的广泛应用说明了企业普遍追求降低采购成本、提升工作效率。

在业务协同方面，越来越多的企业开始意识到供应链全链协同的重要性。许多企业不再仅仅关注自身与供应商之间的协同，而是将目光投向供应链全体成员的协同。

**2. 新产品**

一方面，供应链数字化使得各种生产要素、资源在供应链上有序流动，企业之间可以共享信息、数据、技术，降低了推出新产品的难度。另一方面，新产品所衍生的远程运维、在线运营外包等服务延长了产品生命周期，企业能够通过多次服务、交易拓展产品的价值空间，提升产品的市场竞争力。

**3. 新市场**

供应链数字化转型推动国内国际"双循环"的市场格局形成。

一是国内大循环。首先，供应链数字化平台将大中小微企业连接起来，形成产业集群，扩大产业影响力，帮助中小微企业提升市场开拓能力。其次，供应链数字化转型激活城乡经济循环，为我国农产品销售开辟新渠道，助力乡村振兴。最后，供应链数字化转型加速链上资金流动，降低企业融资风险，激发上下游企业活力。例如，区块链技术的应用保障了供应链金融服务中信息的真实性、可追溯性，核心企业敢于投资，中小微企业能够获得更多资金支持。

二是国内国际双循环。一方面，供应链数字化转型使国内供应链向国际延展，在跨境电商平台支持下，全球采购商、供应商、服务商共同发力，避免了渠道单一而导致的供应中断风险。另一方面，供应链数字化转型推动跨境供应链数智化、集约化发展，为外贸企业开辟多元化的供应和销售渠道，刺激国内企业积极寻求国际合作。

**4. 新商业模式**

供应链数字化转型对传统产业要素进行重组，进而催生新的商业模式。例如，共享经济、远程服务、O2O（Online to Offline，线上到线下）等"互联网+平台"的商业模式，智慧运营、众筹、定制化产品或服务等基于产品创新的商业模式，以及研发众包、共享制造、生态化平台等基于组织创新的商业模式。

在为经济社会带来变化的同时，数字化供应链也在不断变化、升级。企业需要抓住变化中蕴含的新机遇，创新业务模式和商业模式，推出新的产品和服务，开拓更广阔的国际国内市场，实现可持续发展。

### 2.3.2 未来，供应链数字化的三大关键词

供应链数字化能够实现对供应链全链路、全要素的统筹，能够将供应链管理中产生的数据沉淀到数字化平台上，为后续供应链管理优化提供参考。供应链数字化还能实现生产和需求的精准对接，实现产品定制化。可以说，一体化、定制化、数智化就是概括供应链数字化未来发展趋势的三大关键词。

**1. 一体化**

供应链一体化即企业内部各部门之间、供应链各成员之间紧密连接、协同合作，实现信息共享、物流通畅、资金流向明确，供应链高效运作。

想要实现供应链一体化，企业需要打造信息系统平台。该平台能够收集链上企业生产、采购、物流配送、售后服务等各环节数据，确保链上企业信息共享、及时沟通。此外，供应链一体化需要链上企业共同努力，链上企业之间建立长期稳定的信任关系，从而协同合作，实现共赢。

**2. 定制化**

供应链定制化要求企业以用户体验为中心，满足用户的个性化需求，确保用户获得优质体验。

例如，独居的刘女士在网上订购了一台健身器材——椭圆机。由于工作需要，刘女士需要临时去外地出差，出差时间恰好与椭圆机送货上门的时间冲突。刘女士向客服人员反映问题后，客服人员立刻联系配送人员，将刘女士的订单列入加急处理名单，不仅赶在刘女士出差之前将椭圆机送到其家中，还为其定制了一套以椭圆机为核心的居家健身方案。

企业需要与终端用户互动，在产品配送、交付过程中进一步挖掘用户需求，为用户提供个性化增值服务，提升用户对自身的好感，增强自身竞争力。

**3. 数智化**

供应链数智化要求企业在数据方面实现3个"R"，即 Reach（触达）、Richness（丰富）、Range（幅度）。

第一个"R"——Reach 指的是使产业链和供应链上的所有主体都能

获得所需数据。第二个"R"——Richness 指的是各个主体所获得的数据维度多，不同维度的数据之间能够相互印证，数据的纵深价值被充分挖掘。第三个"R"——Range 指的是数据来源于多个环节、层级、主体，能够展现供应链全流程运行状态。

一体化、定制化、数智化成为供应链未来发展的主要方向。企业需要夯实自身供应链基础，提升自身实力，推动供应链数字化进一步发展。

### 2.3.3 企业如何顺应趋势

供应链数字化转型是大势所趋，那么，企业该如何顺应趋势，降低转型风险呢？

**1. 明确转型战略**

首先，企业需要从3个维度对自身供应链数字化转型成熟度进行评估，了解自身发展现状，正视自身与行业标杆的差距，如图2-3所示。

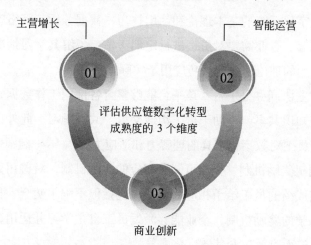

图 2-3 评估供应链数字化转型成熟度的3个维度

（1）主营增长。这一维度包含数字渠道与营销、产品与服务创新两部分内容，评估企业能否针对用户的个性化需求定制产品和服务，并实施精准营销；能否对现有产品进行数字化升级，并开发智能产品或服务；能否打造线上线下全渠道营销模式，并保护自身与用户的信息安全。

（2）智能运营。这一维度包含智能生产与制造、智能支持与管控两部分内容，评估企业是否具备敏捷开发能力；能否依托数字平台进行合作研发；能否实现智能制造，打造柔性供应链；各职能部门是否能够灵活调整，其数据流和业务流能否无缝衔接；能否利用数据分析技术建立决策体系和管控系统。

（3）商业创新。这一维度包含数字商业模式和数字创投与孵化两部分内容，评估企业能否搭建适配商业模式的数字平台，并不断迭代；企业内部是否有创投部门，推动数字化新业务开展；是否建立激励机制，激发内部人员创新创业；是否和初创企业合作，帮助其提升数字化技术水平。

### 2. 培养员工的数字化素养

供应链数字化转型需要每一位员工深度参与，企业需要助力员工提升数字化素养，引导员工学习新技术，适应新的办公模式。

（1）开展培训。统一的数字化培训是培养员工的数字化素养的基本举措之一。企业需要聘请专业的培训讲师，为员工制定完善的培训体系，培训内容包括但不限于 SRM、WCS（Warehouse Control System，仓库控制系统）等数字化系统的基本理论和使用技巧，数据分析、网络安全等方面的理论知识等。企业需要对员工进行定期考核，了解其学习情况，确保员工能够将学到的理论知识和技巧应用于实际工作。

（2）建立协同办公平台。该平台能够整合各部门工作数据，确保部门之间信息与知识共享，有助于员工沟通交流、共同学习。此外，该平台还能快速提升员工对数字化工具的理解力和适应力。

（3）制定奖励机制。企业可制定相应的奖励机制，对善用数字化工具并取得一定成绩的员工给予相应的奖励，包括但不限于奖金、积分、荣誉等。通过科学的奖励机制，企业能够激发员工自主学习并运用数字化工具的积极性，进而有效提升其数字化素养。

综上所述，企业需要从宏观和微观两个角度出发：一方面，评估自身发展现状，正视并致力于解决问题，制定相应的转型战略；另一方面，培养员工的数字化转型意识，提升其数字化素养，确保员工能够深度参与企业的供应链数字化转型。

## 赋能篇

# 供应链数字化核心技术

# 第 3 章 物联网：物物相连，供应链物流智能化

传统供应链存在可视化程度低的问题，而物联网与供应链结合，能够实现货物流转过程数据化、网络化、可视化。物联网能够将各种传感设备连接起来，实现彼此间的信息交换与通信，进而实现对供应链各节点的智能识别、定位、监控、管理等。物联网技术在供应链上的应用，有助于构建智能化的连接，促进供应链上各主体实现高效协同。

## 3.1 智能物流：技术落地＋全流程优化

物联网领域的各项关键技术在供应链场景中的落地，能够优化供应链流程，实现供应链无缝化、可视化。在智能物流赋能下，供应链将得到进一步优化。

### 3.1.1 EPC/RFID 物品识别技术

随着经济的发展，用户的个性化需求逐渐增多，对供应链效率提出了更高要求。在物联网技术出现之前，由于物品标识与识别技术比较落后，经常出现信息不对称的问题，极大地降低了供应链的效率。

RFID（Radio Frequency Identification，射频识别）技术在供应链上的应用为以上问题提供了解决方案。RFID 技术赋予物品唯一的编号，给物品打上唯一的标识。这一方案基于数字编码实现，支持通过互联网查询物品信息。

EPC（Electronic Product Code，产品电子代码）是一种特殊的 RFID 技术系统，可以通过数字编码、电子标签等实现物品信息的追踪与信息交换，进一步强化了供应链信息的收集、整合能力。EPC 技术可以提高供应链管理水平，实现对多种物品，包括零售商品、集装箱等的唯一标识。

EPC/RFID 物品识别技术的应用对供应链管理、物流等领域产生了深刻影响，从根本上提升了供应链管理水平，提高企业对生产、销售等环节的调控能力和竞争力。

从实现路径来看，EPC/RFID 物品识别技术的应用离不开以下几项支持。

### 1. EPC 编码

EPC 编码提供物品的唯一标识，包括物品重量、尺寸、目的地等信息。

### 2. RFID 电子标签

RFID 电子标签中存储有 EPC 编码。该标签分为主动型、被动型和半主动型等类型。不同类型的标签可以满足不同应用场景的需要。例如，主动型和半主动型标签可以实现更远距离的扫描，但成本较高。

### 3. 读写器

读写器可以通过多种方式与 RFID 电子标签进行信息交互。其中，常用的近距离读取标签信息的方法是电感式耦合。RFID 电子标签通过磁场向读写器传送电磁波，而返回的电磁波转换为带有标签的 EPC 编码。

### 4. Savant 系统

给每件物品都贴上 RFID 电子标签后，在运输过程中，读写器将不断收到 EPC 编码。为了传送和管理这些数据，麻省理工学院的 Auto-ID 中心（自动识别中心）开发了个系统——Savant，可以完成数据传输、读写器协调、任务管理等工作，提高 EPC 系统运行效率。

### 5. ONS

ONS（Object Name Service，对象名解析服务）将 EPC 编码与物品信息进行匹配，实现信息查找功能。例如，当读写器识别到 RFID 电子标签时，其中的 EPC 编码就会自动被传输给 Savant 系统，之后就可以通过 ONS 明确这条物品信息存储的位置，由 ONS 向 Savant 系统指明存储目标物品有关信息的服务器，并输出目标物品的相关信息。

### 6. EPC 编码的识读流程

读写器读取一个 EPC 编码，将信息传送给 Savant 系统，并通过 ONS 获得 EPC 信息服务器的地址。之后，Savant 系统向该 EPC 信息服务器发送读取数据的请求，在获得所请求的数据后，读取相应数据内容。

在激烈的市场竞争中，快速、准确地获取信息并处理是企业占据竞争优势的关键。企业有必要布局 EPC/RFID 物品识别技术，实现供应链信息自动采集、物品识别等，并通过信息共享，实现对供应链物品的可视化管理。

## 3.1.2　EMCP 物联网云平台

EMCP（Enterprise Management Control Panel，企业管理控制面板）物联网云平台是一种可应用于多个领域的泛在物联网平台，提供包括云平台、数据网关、显示终端等在内的多项服务。借助 EMCP 物联网云平台，企业无须安装软件或聘请 IT 工程师，就可以快速实现产品的物联网升级。

通过 EMCP 物联网云平台，企业可以搭建供应链管理云平台。供应链管理云平台融合了物联网、人工智能等技术，可以帮助企业突破供应链管理瓶颈，提升企业供应链管理的智能化水平。供应链管理云平台可以实现供应链智能监控，实现供应链运维、监管一体化，提升管理效率。

当前，一些企业凭借技术优势打造了专业的 EMCP 物联网云平台，为其他企业提供系统化服务。例如，某高新技术企业打造了 EMCP 物联网云平台，并基于该平台推出了完善的供应链管理方案。

冷库保鲜是供应链管理中的重要环节，尤其是在食品、医药等领域。目前，冷库保鲜领域存在一些痛点，如制冷系统得不到全天候的监护、设备维护成本高、报警方式单一等。而该企业的 EMCP 物联网云平台针对冷库保鲜领域存在的痛点，推出智慧冷库解决方案，帮助其他企业实现对冷库的全方位管理。智慧冷库解决方案的功能主要有以下几个。

（1）实时监控：通过计算机、手机远程调整冷库工艺参数，监控冷库运行状态，收集各个点的温度、湿度、油压等信息；维护人员可以监测冷库封闭性，根据需求远程控制制冷机组，节约用电成本。

（2）自动报警：通过设置监控系统的预警线和报警线参数，实现自动报警。在设备出现故障时，监控系统可以通过发送短信、拨打电话等多种方式通知管理人员，并动态报告设备状态。

（3）远程设备调试：支持主流 PLC（Programmable Logic Controller，可编程逻辑控制器）控制柜、触摸屏等设备的调试。即使设备在异地，技术人员也可对设备进行远程调试，这可以解决设备维护难、出差成本高的问题。

（4）数据查询：可以采集冷库实时数据和历史数据，进行变化趋势分析，并以可视化曲线展示不同时间段、监测区域、监控点位的数据。

（5）BI大数据可视化：用户可自行创建BI数据展示大屏，统计和分析不同种类冷库的运行数据，实现对冷库的集中管理，提高管理效率。

（6）视频监控：支持视频设备接入。用户可以采集冷库的视频数据，对视频数据进行整理，全方位了解冷库的运行情况。

总之，EMCP物联网云平台支持多个行业的企业以及多种设备接入，助力企业产品或系统实现智能化升级。企业可以EMCP物联网云平台为依托，打造专属的物联网平台。

### 3.1.3 构建无缝化、可视化供应链

随着用户购物需求逐渐多样化、个性化，为提高竞争力、扩大市场份额，企业必须加快产品生产与运输速度。

为达到这一目的，企业需要提升供应链管理水平。一方面，企业可以加大人力、物力投入；另一方面，企业可以利用物联网技术构建无缝化、可视化供应链，实现供应链信息流、资金流和物流"三流"的统一管理。

**1. 信息流**

信息流是指从供应链需求端到供应端之间各环节的信息流动所产生的效应，具有双向性，如图3-1所示。

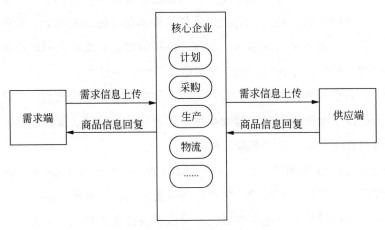

图3-1 供应链信息流

供应链信息流包含两类重点信息：一是需求信息，二是商品信息。需求信息从需求端即用户侧流出，往往是模糊、不准确的。需求端需要从用

户的语言与文字描述中挖掘其真实需求，并将其传递到供应链内部，以使相关企业明确需要解决的用户痛点。

事实上，很多时候用户不清楚自己的根本需求是什么。需求端必须深入挖掘用户需求并不断思考，在沟通中明确用户的根本需求，为后续方案拟订打下良好基础。

在明确用户需求后，需求端需要将其传递给核心企业，其内部计划、采购、生产、物流等多部门需要将信息逐一分解，明确接下来的工作目标。在这一阶段，各部门既要制订内部工作计划、把控时间节点，又要与其他部门保持信息畅通，避免上下游信息不对称，影响产品加工与运输。

需求信息在供应链上正向传递的最后一环是供应商。供应商按照核心企业的计划和指示准备原料，将商品信息（如供应数量、生产周期等）逆向传递给核心企业，各部门领料生产，完成产品加工、仓储、运输等工作。最终用户签收，完成交货。至此，供应链信息完成流动，价值创造过程完成。

供应链信息流必须满足及时、准确两大要求，这样才能确保企业产品的生产、运输工作按时完成，满足用户需求。对此，企业可以运用物联网技术建设信息集成中心（图3-2），实现信息共享。

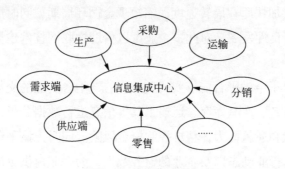

图3-2　信息集成中心

信息集成中心的优势在于，供应链上各企业的信息得到集中存储和管理，实现信息实时共享。在供应链某节点出现问题或市场环境突然变化的情况下，信息集成中心能够及时将突发情况传递给链上各企业，确保各企业及时调整工作计划，将损失降至最低。

同时，信息共享中心为链上各企业提供了交流与合作的平台，它们能够充分沟通、取长补短，优化自身组织架构，提升决策和工作效率。此外，信息集成中心是供应链上一个独立的节点，不受供应链上任一企业的控制，不与其产生利益冲突，从而保证信息公开透明、信息流畅通。

### 2. 资金流

供应链资金流是指供应链上企业与客户之间、企业与企业之间以及企业内部各部门之间的货币流动所产生的效应。衡量其流动性的指标主要有库存周转速度和现金循环周期。

库存周转速度是指"原材料购买—生产运输—销售盈利"的产品全生命周期循环速度。通常来说，企业的库存周转速度应当维持在较高水平，因为这意味着企业的产品能够快速转化为现金，进而用于产品升级、新产品研发以及品牌营销，为企业创造更多价值。库存周转速度越快说明循环次数越多，也就意味着利润越多。

现金循环周期是指从企业支付现金购买原材料到销售商品收回货款的时间，一般以"天"为单位进行计算，包含3个指标：应收账款天数（客户欠企业销售额的天数）、库存天数（企业当前库存可支撑销售的天数）、应付账款天数（企业欠供应商货款的天数）。同样，现金循环速度越快意味着企业营收状况越好，现金循环中断则意味着企业面临破产的危机。

企业需要加快库存周转速度，缩短现金循环周期，同时需要确保资金安全，以实现良性发展。对此，企业可以借助物联网技术建设供应链电子金融平台。

供应链电子金融平台能够实时监控供应链上各企业的交易活动，结合企业的生产设备、产品库存、运输工具等信息进行数据分析，进而评估企业的资金现状和还款能力，精准控制资金风险。同时，该平台能够实时监测市场状况、行业动态以及企业的财务数据，为企业提供更加科学的投资建议，协助企业领导者精准决策。

此外，供应链电子金融平台集成了电子票据、电子仓单、电子信用证以及线上保付代理等多种电子金融工具，有助于供应链上下游企业实现资金流的有效衔接，减轻企业财务管理负担，增强其资金控制能力。

### 3. 物流

物流分为实物流和逆向物流。实物流也叫"正向物流"，是企业产品从仓库到用户指定地址的物理移动过程。实物流普遍存在于各类企业中。企业以订单为依据，采取统一的包装和运输方式，按照标准流程确保产品如期送达。

逆向物流则是企业产品从用户到企业仓库的物理移动过程。这一过程以用户自主安排为导向，企业需要处理格式不一的包裹，监测不同时间、地点的产品移动轨迹，确保产品返回指定仓库。

基于 EPC 和 RFID 技术，物联网能够优化供应链物流环节，提高物流运输的安全性和及时性。物联网与 RFID 技术相结合，通过 RFID 系统获取产品代码，并由 Savant 系统输出，最终经由 PLM（Product Lifecycle Management，产品生命周期管理）系统获取产品的运输信息，保障物流全程可视化和产品及时送达。

综上所述，企业能够利用物联网技术优化供应链信息流、资金流和物流管理工作，确保供应链各环节无缝衔接，提高供应链管理水平与全链运行效率，增强市场竞争力。

## 3.1.4 重药集团：医药供应链物联网平台

2020 年，重庆医药（集团）股份有限公司（以下简称"重药集团"）构建的医药供应链物联网平台被评选为重庆市物联网应用十大标杆案例之一。

医药行业能否顺利发展关系着国民的身体健康与国家的长治久安。然而，医药行业的敏感度与复杂性极高，加上从业人员规模不断扩张、相关技术迭代升级，给该行业供应链管理带来诸多挑战。

从规模角度来看，我国医药流通企业普遍存在市场集中度低、规模较小的痛点，导致企业经营成本居高不下、经济效益低下，无法打破瓶颈、提高市场占有率。同时，负责医药流通企业物流工作的第三方供应链企业也存在规模较小的问题。

从管理角度来看，医药供应链系统及其增值服务普及率较低，大部分医药流通企业依旧按照传统的供应链管理模式开展工作，不符合现代医药管理要求。

企业如果无法与供应商、批发商以及零售商等链上企业建立战略合作伙伴关系，或无法建立医药供应链网络体系，就无法有效管理线下药店、医院药房，从而无法提升医药配送效率。这不仅会使企业丧失市场竞争力，还会使其无法承担相应的社会责任，进而逐渐被市场淘汰。

从技术角度来看，一些医药流通企业的医药供应链系统与其供应商、零售商以及各大医院的医药供应链系统没有产生连接，其药品编码自成体系，兼容性差。长此以往，各企业会形成一个个信息孤岛，导致信息处理与流通的时间成本增加，药品追溯效率降低，物流效率也会降低。

为解决这些问题，重药集团在2012年之前就着手运用物联网技术赋能医药设备和信息化系统，搭建医药供应链物联网平台，整合全部医药产品及其原材料流通工作，实现供应链全链可视化管理。该平台具有四大优势，如图3-3所示。

图3-3　医药供应链物联网平台的四大优势

### 1. 整合与共享信息

医药供应链物联网平台将医药产品从原材料采购到销售的各环节信息进行整合，并实时更新，确保链上企业可以随时了解医药产品的生产与销售情况。上下游信息同步，有助于企业精准决策，医药产品及时送至线下商家，确保供需平衡。

### 2. 实时监控物流

对于麻醉类药品、疫苗以及血液制品等重点医药产品，该平台与药品存储、运输的冷链箱和相关车辆相连接，随时监控箱内、车内温度与湿度、车辆运行轨迹，确保医药产品在运输过程中不会被损坏，减少运输时间和药品损耗，以全流程追踪保障物流的透明高效。

### 3. 追溯药品质量

基于该平台信息整合的优势，医药产品从生产到销售全流程始终处于监控之下。这意味着任一批次的医药产品都可以被精准追溯，其原材料供应商、生产企业全部可查，进一步提升医药产品的安全性。

### 4. 分析数据，辅助决策

该平台结合物联网和大数据技术，对医药行业市场现状进行分析，结合企业销售情况提供科学、客观的报告，帮助企业领导者提高决策准确度和效率，进一步优化供应链管理战略，增强企业竞争力。

目前，我国多家医药流通企业着手探索物联网技术与物流工作的深度融合，进一步提升医药行业发展水平。在物联网技术加持下，医药流通企业能够搭建供应链数字化平台，提升医药产品流通效率，保障医药安全，为国民健康水平提高贡献自己的力量。

## 3.2 物联网应用存在挑战

物联网与供应链管理相结合是大势所趋。然而，企业的管理水平、资金情况不同，对物联网技术的适应能力也有所不同。对于企业来说，运用物联网提升供应链管理水平是一个长期的过程。企业不仅要让员工熟悉物联网技术，适应新型工作模式，还要构建适配大数据池的服务器，警惕物联网发展所带来的网络安全问题。

### 3.2.1 培训供应链员工，提升工作技能

企业既要从宏观角度出发明确供应链数字化转型战略，又要从微观角度出发分析各部门员工需要提升的工作技能，并为其制订相应的培训计划，使员工尽快适应新的工作流程，提高全链工作效率。具体来说，企业培训供应链员工可遵循以下4个步骤，如图3-4所示。

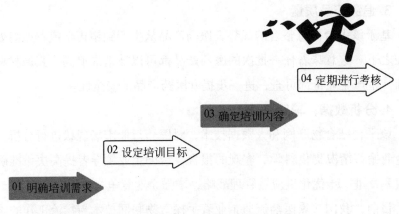

图 3-4　培训供应链员工的 4 个步骤

**1. 明确培训需求**

企业需要对自身的供应链运作现状进行评估，明确优先进行数字化转型的环节。在这一过程中，企业需要和链上伙伴进行沟通，或通过问卷调查、专业团队评估等方式分析供应链上需要改进的环节。

**2. 设定培训目标**

培训目标需综合企业优化供应链的需求以及员工的专业技能水平设定。企业人力资源部门需要对员工进行专业技能评估，明确他们的专业技能水平以及对物联网技术、供应链数字化转型的了解程度。在此基础上，人力资源部门可以和企业管理层沟通，明确具体、可衡量的培训目标。

**3. 确定培训内容**

明确培训目标后，企业可以着手确定培训内容。以仓储环节为例，企业可运用智能眼镜培训仓储部门员工，提高其工作效率。

仓储行业具有潮汐性质，即淡季用人需求较小，而旺季订单量激增，用人需求暴涨，拣货、装卸、统计、运输等各环节均需要大量人手。大部分企业会在旺季来临前两个月开始仓储员工的招聘工作，在前一个月进行新员工培训，培训周期一般半个月，通常为一对一培训。

这种模式的弊端很多。

首先，招聘、培训新员工的时间成本高（两个半月），而新员工的工作时间往往只有一个月，投入产出比严重失衡。

其次，为迎接旺季，仓储部门通常会招聘大量兼职员工，这使得部门员工离职率提高，企业人力成本增加。

再次，仓储工作要求各岗位员工高度配合。如果管理层不能明确分工，基层员工不能融洽相处、协同合作，仓储工作就可能出现库存供应不足、出入库不及时、账目核算有误等问题，进而延误订单交期，降低企业利润。

最后，目前大多数企业的仓储部门采用PDA（Personal Digital Assistant，掌上电脑）作为主要拣货设备。该设备的缺点在于，仓储员工需要一只手操作PDA，另一只手取货、理货等，这显然不够方便。此外，PDA一次只能扫一个码，且必须由员工手动操作，智能化程度较低，这极大地限制了仓储员工工作效率的提升。

智能眼镜是一种基于AR（Augmented Reality，增强现实）技术的新型工业设备。在与物联网、人工智能等技术相结合后，智能眼镜能够应用于仓储工作场景中，提高仓储员工的培训与工作效率。

在培训方面，智能眼镜具备室内实时定位导航和语音播报功能。即使是第一次进入仓库的员工，也可以根据智能眼镜所显示的产品图片快速熟悉并记住产品，根据智能路线图和语音提示，沿着最优路线精准找货。借助智能眼镜，员工还可以随时查看仓库中全部储位信息。由此可见，智能眼镜能够缩短新员工记住产品和储位的时间，进而缩短培训周期，提升新员工投入产出比。

在工作方面，智能眼镜具备批量识别和语音交互功能。仓储员工可以一次性拿取多件产品，通过口令批量识别产品条码，解放双手，提升拣货效率。此外，订单信息通过AR技术显示在眼镜上，员工不需要低头查看PDA或纸质订单，进而避免与运输机器人发生碰撞，保障员工人身安全。

企业借助智能眼镜培训仓储员工，可以帮助其快速适应数字化工作流程，提高个人工作能力和企业整体运行效率。

**4. 定期进行考核**

培训结束后，企业人力资源部门需要通过问卷、测试、绩效考核等形式评估培训效果，了解受训员工技能掌握情况。对于评估结果不合格的员工，企业应视情况对其进行二次培训。如果二次培训后员工的成绩还没有提升，企业就需要对其做出降职或调岗处理。

综上所述，企业需要对供应链员工进行培训，使其熟练掌握物联网设备和系统的使用方法。这是一个长期的过程，企业可能需要雇用专业培训团队为员工设计培训方案，提升员工的数字化工作水平。

### 3.2.2 制定数据治理策略，挖掘大数据池价值

物联网技术为企业进行供应链管理提供大量数据，这有助于企业扩大数据池，在进行战略调整和推出新业务时有可靠的依据。

如果企业不具备足够专业的数据处理与分析能力，就难以充分挖掘大数据池的价值。对此，企业需要制定数据治理政策，以物联网数据生命周期为基准，管理供应链数据。数据治理策略应包含以下几方面内容。

**1. 数据收集**

物联网的核心在于"物物相连"，即通过各类传感器收集供应链上的数据。企业需要对这些传感器进行定期校准，明确其数据格式和相关协议，在数据上传至服务器之前对其进行聚合和过滤。

**2. 数据建模**

数据建模即建立企业级元数据标准，对来自不同类型传感器的数据进行核查，确保其质量合格。需要注意的是，企业在制定元数据标准时，不能"一刀切"，而是要根据供应链设备和业务的不同性质，分级制定标准。

同时，对于长期处在较为恶劣的环境中或者本身极为敏感的供应链设备，企业需要实时监控其传感器的校准情况，确保其收集数据的粒度和频率处于正常范围内。有些设备甚至需要工作人员进行手动验证，以确保传感器处于正常工作状态。

**3. 数据质量控制**

首先，数据应保持一致性，即在短时间内，同一传感器所报告的一系列数据应具备相关性。例如，运输车辆内的温度传感器在几秒钟内所报告的温度存在极大差异，定位传感器在几秒钟内报告的地理位置相距数千米，很可能是传感器存在故障。因此，企业需要在关键设施上设置多个传感器，对比多个来源的数据，以进行检查，及时发现故障。

其次，数据应保持完整性，即原始数据的所有数据点可用，不存在无法追溯的时间序列数据，甚至可以关联其他传感器或信息系统的数据。

再次，数据应保持及时性，即传感器上传的数据为实时数据或近实时数据，企业能够依靠这些数据及时处理相关事件。

最后，数据应保持可靠性，即数据是精准的。对于供应链各环节来说，数据精准是确保供应链稳定运行的重要因素，企业需要明确传感器使用寿命，确保其提供的数据真实可靠。

### 4. 数据传输与存储

在传输阶段，由于原始数据的来源、格式以及重要性各不相同，因此通常需要以传输协议的方式进行传输，目前常见的传输协议包括HTTP、MQTT等标准协议以及其他专有协议。企业需要根据供应链设备和数据性质选择合适的传输方式，控制传输成本。

在存储阶段，企业通常采取本地中间数据库的方式进行数据存储。本地中间数据库会根据供应链数据的体量、类型，对其进行聚合和过滤，定期上传至中央数据库。对于大部分企业来说，物联网所产生的数据体量较大，需要慎重选择数据库技术，控制存储成本。

### 5. 数据处理与分析

在这一阶段，企业需要制定数据过滤策略，对收集到的原始数据进行标准化处理，统一其格式，并过滤重复数据。通常来说，只有过滤后的数据才会被上传至云端数据库进行长期存储，相关的原始数据则被保存在网络节点中，以便进行审核、运行状况检查等工作。

### 6. 数据消耗

在这一阶段，企业需要将数据转化为相应的报告，以进行业务、员工等方面的调整。企业需要制定数据共享策略，建立完善的访问机制，确定哪些员工可以使用供应链数据。此外，企业还需制定使用情况追踪策略，明确数据使用原则，保障数据信息安全。

## 3.2.3 网络安全不容忽视

利用物联网技术，企业能够实现对供应链各环节信息的集中存储和管理。但是，企业需要警惕网络安全风险，避免因遭受外部攻击而导致数据泄露，造成难以挽回的损失。

随着供应链朝着复杂化、数字化方向发展，全链路安全保障成为一场

"持久战"。企业需要在资金有限、周期较短的前提下,做好供应链网络安全防范工作。具体来说,企业可从以下几个方面入手。

### 1. 绘制企业拓扑图

企业拓扑图是展现企业内部计算机、路由器、打印机等电子设备相连情况的示意图。绘制企业拓扑图的目的在于,企业需要先摸清家底,即掌握自身基础设施、软件、数据库、操作系统等参与供应链工作的全部资产信息,以便在突发安全问题时迅速确定事故位置,及时解决问题。此外,企业还需要建立固定资产台账,明确资产的具体位置、IP地址、规格型号等信息。

### 2. 评估供应商安全等级

企业需要对长期合作的供应商进行安全等级评估,并对其进行分类管理。企业可以制定统一的评估标准,由供应商进行自我评估,并定期提交评估报告。企业需要定期审查供应商的安全资质,对于不符合要求的供应商,要及时对其进行限制或与其解除合作。

此外,企业需要部署应急防护战略。如果与企业长期合作的供应商确实存在短期内难以根除的网络安全隐患,那么企业需要提前评估不法分子入侵路径,并进行失陷应急演练,对易侵入的高危路径进行重点防范。

### 3. 警惕开源软件风险

在使用开源软件时,企业需要警惕安全、法律、运维、断供等方面的风险。

首先,企业需要列出必须使用的开源软件清单,重点关注其许可证及相关使用条件,尽可能规避法律风险。

其次,企业需要组建开源软件安全管理团队,对长期使用的开源软件进行实时追踪,明确其是否存在安全漏洞、是否有新版本发布等,做好故障修复、软件更新等运维工作。

再次,如果企业本身不具备运维开源软件的技术水平,就需要和专业公司合作,由专业团队负责软件运维工作,保障企业供应链安全。

最后,企业需要未雨绸缪,避免对开源软件形成高度依赖。具体来说,企业可以建立内部代码库,备份源代码。有能力的企业可以构建自己的开源社区,增强抗打击能力。

### 4. 培养员工的网络安全意识

企业需要对全体员工进行网络安全培训，总结高危风险场景，促使全体员工树立保密意识，熟悉网络安全事件的上报流程。部分岗位的员工需要熟悉企业信息系统口令的使用与维护，做好相关应用程序的安全认证工作，掌握一定的社会工程学攻击方面的知识。

此外，企业需要定期开展网络安全演练活动，让相关岗位的员工熟悉网络安全事件发生时的应急处理流程。企业还需要将相关内容和精神传达给长期合作的供应商，督促其开展相关培训工作。

### 5. 加强访问权限控制

企业需要针对供应链全链用到的设备、应用程序实行准入控制，限制访问时段。同时，企业要确保供应链员工拥有独立账号，并设置二次身份认证机制，即员工登录系统时，除了需要输入账号、密码外，还要进行人脸识别或动态口令验证，以避免无关人员或设备进入内部系统，降低企业信息泄露的风险。

### 6. 做好数据备份与恢复工作

企业需要认清自身技术水平与行业标杆的差距，杜绝侥幸心理，做好数据备份并制定数据恢复策略。对于涉及核心技术、产品的重要数据，企业需要加密处理，并将其备份在安全的位置，定期测试其恢复流程。这样在风险事件发生后，企业能够第一时间恢复关键数据，避免核心业务中断，尽最大努力降低风险事件给企业带来的经济损失。

综上所述，企业在利用物联网技术优化供应链的过程中，需要警惕网络安全问题，从源头做好资产梳理与风险防范工作。同时，企业还要制订应急预案，做好数据备份。这样即使遭遇外部攻击，企业也能够力挽狂澜，保护自身的核心技术与业务，平稳度过风险期。

# 第 4 章 人工智能：智能 + 算法，供应链平台数智化

AI 技术不断发展，给供应链带来颠覆性变革。例如，AI 技术与边缘计算技术相结合，能够助力企业构建供应链智能化平台，实现信息共享；AI 技术与智能化平台相结合，能够助力企业打造供应链生态化组织，实现跨部门、跨企业、跨行业合作；AI 技术与生态化组织相结合，能够进一步强化企业在供应链上的竞争优势，打造高价值、绿色、弹性供应链。

## 4.1　AI+ 边缘计算：构建供应链智能化平台

"AI+ 边缘计算"能够助力企业构建"云端+边缘"的供应链智能化平台。基于 AI 的深度学习能力，云计算和边缘计算能够优势互补，帮助企业在拓展数据网络的同时降低数据泄露风险。此外，基于 AI 技术的多种模型具备人类行为模拟和数据分析功能，可以协助企业管理层优化供应链战略，实现精准决策。

### 4.1.1　人工智能驱动：云端智能与边缘智能

构建供应链智能化平台需要云端智能与边缘智能两大技术作为核心支撑。企业需要了解这两种技术及其与供应链之间的关系。

**1. 云端智能**

云端智能采用云计算形式，将人工智能部署在云端，由云端设备存储企业数据，并为其他终端和场景提供数据和算法支持。

常见的智能终端是将智能技术部署在本地终端上，这种部署模式虽然能够实现本地计算，但由于存在企业专业性不强、资金不足等问题，因此本地终端通常难以升级，甚至还会出现算力不足的情况。

云端智能的出现能够有效解决本地终端的困境。在云端智能模式下，所有数据和智能技术被统一部署在云端，企业无须在本地终端设备上配置昂贵的高端智能芯片，可以节约大量资金。同时，因为数据被统一存储，所以企业不必担心本地设备故障造成数据丢失。

目前，基于云端智能技术的 SCM（以下简称"云 SCM"）处于稳步发展阶段。云 SCM 能够集合全球各地的产品生产、库存、运输等方面的数据，供应链上的企业可以随时访问云 SCM 以了解产品的最新情况，不会因时区差异而出现信息传递滞后的情况。链上企业能够及时发现产品问题并与其他企业交换数据,提高供应链运营效率。

**2. 边缘智能**

边缘智能通过在路由器、交换机等边缘设备上部署人工智能技术,降低网络延迟,提高本地终端设备的数据采集和分析能力,从而提高设备的响应速度,保护企业数据安全。

边缘智能的优势在于,边缘设备距离数据源更近,在人工智能技术的支持下,本地终端设备可以自行处理数据并进行压缩传输,不必交给云端处理。数据传输距离缩短,有效避免网络延迟问题,降低带宽占用率。此外,边缘智能以本地终端设备为载体,避免在公共网络环境下企业隐私数据被泄露或篡改,进一步维护企业数据安全。

目前,边缘智能技术已被运用于供应链仓储与物流工作中。通过传感器、摄像头等设备,企业可以随时监测产品库存情况,提高仓库利用率。同时,边缘智能技术赋能产品运输中的关键节点,对产品运输全流程进行实时监控,提高物流效率。

### 4.1.2 深度学习能力:供应链平台升级

随着供应链数字化转型不断深入,人工智能、大数据、物联网等新兴技术得到广泛应用。然而,在相关系统不断迭代创新的同时,企业的数据体量、系统维护与迭代成本也在增加。云端智能技术拓展了企业的数据网络,但也引发了网络响应延迟、数据安全性难以保障等问题。

云端智能与边缘智能相结合可以实现优势互补,为企业构建"云端+边缘"供应链智能化平台提供保障,如图 4-1 所示。

在生产环节,边缘智能技术能够赋能智能机器人,使其更加精准地执行产品制造流程,提升自动化水平和产品质量。机器学习技术赋能业务应用程序和本地传感器,优化 MES,在提升产品产量的同时监测设备状态,在设备出现损坏征兆时可以立刻调整生产计划或终止生产,避免出现安全事故。

在仓储环节,云端智能技术能够对供应链全链进行高级分析,根据市场波动情况预测未来需求变化趋势,进而帮助企业优化产品库存,确保供需平衡。

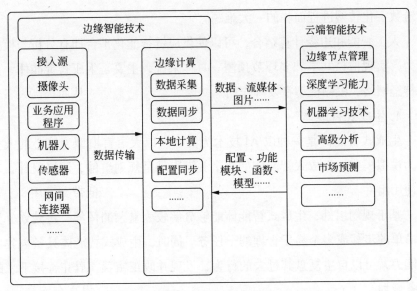

图 4-1 "云端+边缘"

在物流环节,边缘智能技术嵌入光电传感器、激光测距仪、电感式接近开关、区域扫描仪、限位开关等本地传感设备和堆垛机、输送机、分拣机、运输车辆等物流设施,企业能够随时监测设备情况和运输路线,发现问题并及时调整,提高物流效率。

在用户端,边缘智能技术能够收集用户使用产品的数据,经过整合分析后为用户提供个性化的产品推荐。企业能够及时了解用户诉求,同时保护用户个人信息,防止用户隐私泄露。

综上所述,随着生产与消费场景的分散化,云端智能逐渐向边缘智能迁移。在云端深度学习支持下,边缘智能技术的能力大幅度提升,弥补了云端智能在响应速度、数据安全等方面的不足。这不仅使供应链组织架构得到优化,还激活了用户,使其参与到企业产品设计与升级中。

## 4.1.3 分析与模拟能力:信息共享与多环节预测

供应链的高效运行依赖于上下游企业的相互信任、协同合作,然而,由于供应链上企业众多,各企业的利益目标、文化、愿景等各不相同,因此企业之间沟通不畅、信息失真等问题时有发生。提高供应链信息流的畅通程度,保障信息传递及时、准确,成为构建供应链智能化平台、推进供应链数字化转型进程面临的一大难题。

人工智能和边缘计算结合，可以使供应链智能化平台拥有分析与模拟能力，实现信息共享和多环节预测。具体来说，主要是生成式智能体、人工神经网络、模糊模型在发挥作用。

**1. 生成式智能体**

生成式智能体是一种以 AI 技术为支撑、以大语言模型为核心的人类行为模拟模型。生成式智能体的 3 个关键组件是规划组件、记忆组件、工具使用组件。

基于规划组件，生成式智能体能够分解较为复杂的任务，将其划分为更简单的步骤或多个易于管理的子任务。同时，生成式智能体具备自我反思能力，可以自主复盘其过去的行为，发现并改正错误，以完善接下来的任务规划。

基于记忆组件，生成式智能体的记忆可以被分为感觉记忆、短期记忆和长期记忆。

感觉记忆是学习嵌入表示的原始输入，包括文字、图像以及其他模态。

短期记忆用于生成式智能体的上下文学习。由于可输入上下文的窗口长度有限，因此短期记忆持续时间不长，生成式智能体能够记住的内容有限。

长期记忆是生成式智能体对信息的长期保留与回忆，通常以外部向量数据库的形式呈现。生成式智能体通过快速检索随时调取所需信息。

基于工具使用组件，生成式智能体可以利用外部 API（Application Programming Interface，应用程序编程接口）补齐模型中缺失的信息，进而提升代码执行能力，访问更多信息源。

美国某大学和某跨国科技企业的研究人员受游戏《模拟人生》的启发，创建了一个交互式沙盒环境，并在其中放入 25 个不同身份的生成式智能体。在这个环境中，用户可运用自然语言与其互动。

研究发现，生成式智能体能够依据自己的身份规划日常生活，并与其他智能体建立关系、参与团体活动。例如，终端用户向其中一个智能体发出"举办圣诞节派对"的指令后，该智能体会与其他智能体"交谈"，确定派对时间并准时参加派对。

应用于供应链决策中,生成式智能体能够收集并存储管理层过往决策信息,从中分析供应链成员的行为习惯、合作模式,进而模仿管理层的推断与决策行为。这有利于打破供应链成员之间的信息孤岛,实现跨企业信息共享,提高供应链信息流的畅通程度。

### 2. 人工神经网络

人工神经网络是一种信息处理技术,以人类脑部神经网络的运作方式为基准建立数学模型,通过人工神经元之间的相互连接进行数据收集与处理工作。在供应链管理方面,人工神经网络被广泛应用于多环节的预测工作中。

(1)供应商选择。企业可以利用人工神经网络选择长期合作的供应商。人工神经网络能够收集供应商生产水平、供货周期、原材料质量等多项数据并对其进行综合分析,助力企业筛选出最合适的供应商。

(2)仓储控制。人工神经网络能够收集仓储部门的历史数据,结合市场情况进行需求预测,帮助企业规划产品库存数量,维持供需平衡,避免因为库存过多而导致成本增加,或因为库存过少而导致客户流失。

(3)运输调度。人工神经网络能够收集路况信息,分析多条运输路线,为司机提供最优路线导航,在提高运输效率和客户满意度的同时保障司机人身安全。

由此可见,人工神经网络能够大幅提升供应链管理效率,在与供应链的深度融合中不断调整和优化,进而应用到供应链更多环节。

### 3. 模糊模型

模糊模型是一种以模糊逻辑为基础的计算机模型,由输入变量、输出变量和规则3部分组成。输入与输出变量通常表现为实数、文本或逻辑值,规则通常表现为"IF-THEN"结构。

在供应链管理过程中,企业经常会收集到来自各环节的模糊信息,这使得管理层无法精准决策和规划接下来的工作。此时,模糊模型的优势就显现出来:它能够有针对性地分析模糊信息,帮助企业基于不确定的信息得出正确的结论。目前,模糊模型主要应用于供应链生产规划、产品质量检测和风险评估。

在生产规划方面，模糊模型能够基于市场需求、企业生产资源等一系列因素建立生产运营模型，制订产品生产计划，帮助企业合理配置生产资源，提高投入产出比。在质量检测方面，模糊模型可以根据专家系统的理论知识以及企业过往合格产品的质量数据制定模糊规则，分析产品质量，及时发现问题并提出优化方案。

此外，供应链中存在各种各样的不确定因素，如供需失衡、价格变动、供应中断等。模糊模型能够根据市场变化和企业历史数据，帮助管理层预测风险、提前规划，防患于未然。

综上所述，基于 AI 技术所衍生的多种模型具备数据分析与人类行为模拟能力，能够帮助企业打通供应链信息流，整合各环节信息，助力企业管理层及时把握市场变化，实现精准决策。

## 4.2 AI+ 智能化平台：塑造供应链生态化组织

AI 技术与"云端 + 边缘"智能化平台的深度融合，促使供应链内部组织朝着生态化方向发展。一方面，AI 技术以智能化平台为载体，促成供应链上跨部门、跨企业、跨行业的多样化合作；另一方面，AI 技术处于不断革新中，能够持续优化智能化平台，促使供应链服务集成化、流程自动化发展，助力企业减少资金与人力消耗，增强市场竞争力。

### 4.2.1 纵横合作：跨部门 + 跨企业 + 跨行业

AI 技术与云计算、边缘计算等技术融合，能够助力企业搭建智能化平台。AI 技术所具备的人类行为模拟能力，能够促使智能化平台不断纠正自身错误，实现优化升级。

随着供应链智能化平台的智能程度不断提升，供应链内部组织朝着生态化方向发展。具体来说，智能化平台助力企业搭建灵活、机动的组织架构，促成跨部门、跨企业乃至跨行业的商业合作。

**1. 跨部门合作**

跨部门合作的意义在于，不同部门、岗位的员工能够及时进行信息交换、资源共享，从而建立紧密和谐的关系。不仅如此，跨部门合作还可以推动组织内部创新，提高企业竞争力。

AI 技术在跨部门合作方面的应用体现在协同办公上。互联网时代，许多企业都采用协同办公系统开展工作，云文档、视频会议等工具使身处不同地区、部门的员工得以高效协作。

首先，AI 技术具备机器学习和自然语言处理能力，能够分析并理解工作内容，对一周、一个月，甚至一个季度的工作任务进行紧急度分析并划分优先级，再为各项任务匹配合适的员工。在 AI 技术加持下，企业能够以业务为核心，搭建"同心圆"式组织架构，使各部门打破原先的等级壁垒，自主调配各项资源，实现协同合作。

其次，不断进化的生成式 AI 能够应用于新内容生成任务中，为员工提供更多灵感，助力不同部门间员工沟通合作。例如，在服装制造企业中，生成式 AI 能够助力策划人员构思当季新品，分析用户对当季服装的具体需求；以清晰、完善的数据保障策划、营销、生产等部门进行顺畅沟通，提升员工的工作效率。

最后，在广告策划场景中，生成式 AI 可以为设计师提供灵感，助力设计师创作出图片、视频等多种形式的作品；在游戏开发场景中，生成式 AI 可以协助设计师创建虚拟角色，扩展（游戏）世界地图。

AI 技术能够成为部门之间的润滑剂，以可靠的数据缩小部门之间的信息差，促成跨部门合作。

**2. 跨企业合作**

跨企业合作通常指同行业内不同企业之间的商业合作。其难点在于，企业间存在鲜明的竞争关系。各企业追求自身利益最大化，既希望汲取先进经验，取长补短，又担心自己的商业机密在合作中被泄露。

随着 AI 技术不断发展，"联邦学习"概念被提出。所谓"联邦学习"，是指在数据样本不被公开的前提下，不同企业的边缘设备或服务器能够共享 AI 模型，共同基于机器学习进行模型训练。

"联邦学习"是一种分布式机器学习框架，在保护企业隐私、实现不同企业共同进步等方面具有很大优势。在"联邦学习"中，各企业可以在不公开自身原始数据的情况下，利用本地数据训练 AI 模型，将结果上传至协调方，由协调方整合并构建协作 AI 模型，再反馈至合作企业。

在这一过程中，企业无权直接访问合作方的原始数据，而协作AI模型整合各企业的数据训练方式，很好地保留了企业间的异质性。因此，企业能够利用协作AI模型学习合作伙伴的先进经验，取长补短，共同进步。

### 3. 跨行业合作

跨行业合作的难点在于，不同行业的企业在价值观、工作风格、组织管理等方面存在较大差异，在合作中难以适应对方的工作节奏，进而容易产生摩擦和冲突。同时，不同行业的企业所掌握的专业知识与技术能力各不相同，如何高效地进行信息传递，尽可能消除企业之间的信息差，是跨行业合作面临的一大难题。

AI技术在跨行业合作方面的优势在于，它可以帮助企业处理流程性工作，减少企业员工的重复性劳动。员工拥有更多的时间了解其他行业的知识，使跨行业合作更为顺利。此外，AI技术与大数据相结合，能够对企业实际情况进行深入分析，从而为企业挖掘更多跨行业合作的机会。

在跨行业合作中，AI技术能够为企业提供最新版本的行业统计报告，方便企业管理层及时了解陌生行业的整体环境和合作进展，进而及时调整策略，确保合作项目圆满完成。

综上所述，AI技术处于不断进化中，其以智能化平台为载体，不断延伸供应链成员的业务触角，实现供应链上跨部门、跨企业乃至跨行业的合作。

## 4.2.2 服务集成化，流程自动化

"云端+边缘"智能化平台给传统的供应链服务体系带来颠覆性变革，促使供应链服务实现集成化发展。在智能化平台的加持下，企业级应用集成进一步优化升级，为企业核心业务创造更大价值。

企业级应用集成是指整合各种类型的企业应用程序，使其在统一平台或系统中共享数据、协同运转。在传统的集成场景中，企业员工往往需要手动设置规则。这需要企业聘请大量的专精人才进行相关技术的开发与运维，不仅消耗了大量的资金、时间和人力成本，还难以保证系统的准确性。

以AI技术为核心的智能化平台可以利用机器学习模型和自然语言处

理技术分析数据，提升应用集成的精度和效率，帮助企业降低时间、人力成本，实现智能化集成。

以 AI 技术为核心的智能化平台还能够推动供应链流程朝着自动化方向发展。在决策阶段，机器学习、深度学习、认知计算等技术使 AI 的决策分析能力大幅提升，进一步强化供应链组织的适应性和灵活性。

在生产、仓储、运输等环节，无人技术和设备已应用于多个场景。人工神经网络技术赋予 AI 更高水平的预测能力，进而确保产品订单始终处于被监控状态。

在供应链服务方面，AI 机器人的拟人化服务能力不断提升。例如，在服务用户的场景中，AI 机器人不仅能够帮助用户解决问题，还能进一步提升供应链全流程自动化水平，具体体现在两个方面，如图 4-2 所示。

图 4-2　AI 机器人拟人化服务能力的体现

### 1. 对话型交互

通过场景化设计，AI 机器人与用户的交互更加贴近自然对话，人机对话更为顺畅，用户体验得到优化。

（1）问题拆解。AI 机器人能够拆解复杂问题，逐步引导用户回答，使最终回复更加精准。例如，用户问信用卡有什么优惠，AI 机器人就会根据关键词"信用卡"，先问用户卡的类型，然后根据用户的回复给出问题的答案。

（2）答其所问。AI 机器人以"给用户一个答案"为最终目的，而不是让用户查找指南。例如，用户想查询账单，AI 机器人会直接给出查询结果，而不是查询方式。这极大地减少了用户的耐心消耗，增加对企业的好感度。

（3）主动询问。AI 机器人会主动反问用户，获取相关信息，让用户做选择题而不是解答题。例如，用户询问提额申请何时生效，AI 机器人会主动询问用户需要提高临时额度还是固定额度，然后根据用户回复给出答案。

（4）想其所想。AI 机器人能够理解用户的提问场景，给出合适的答案。例如，非会员用户想查询店庆优惠活动，AI 机器人会给用户提供店庆优惠活动的具体信息，并告知用户会员办理方法。

**2. 人性化服务**

在精准理解场景和用户意图的基础上，AI 机器人能够提供更有温度的对话语境，让用户感受到企业对自己的重视，增强用户黏性。

（1）礼貌的开场白和结束语。AI 机器人可以根据渠道、用户标签等，自动提取用户信息，在交互过程中加入开场白和结束语，例如，"××先生/女士，您好，很高兴为您服务""有什么问题可以随时联系我，期待您的下次光临"等。

（2）闲聊能力。除了回答用户问题外，AI 机器人还具有表情识别、表情回复功能，显得更加可爱、俏皮。

（3）主动服务。基于业务入口，AI 机器人可以主动引导用户提出问题。例如，用户从账单分期入口发起会话，可能是想咨询分期相关问题，AI 机器人可以据此预测其意图，主动发起对话。

随着 AI 技术与智能化平台的融合程度不断加深，企业可在供应链各环节减少人工干预，逐步实现供应链全链服务集成化、流程自动化。

### 4.2.3 谷歌：数字孪生供应链

2021 年，谷歌推出"数字孪生供应链"，以应对缺货、库存老化、恶劣天气等情况所引起的供应链中断问题。

数字孪生供应链是物理意义上的供应链的数字化表现形式，通过数字线程和云计算技术整合多种来源的数据，将供应链采购、生产、仓储、运输等多个环节的信息整合起来，形成较为完整的供应链视图，进一步提升供应链的可视化程度。

近年来，供应链中断是困扰很多企业的一大问题。造成供应链中断的原因如图 4-3 所示。

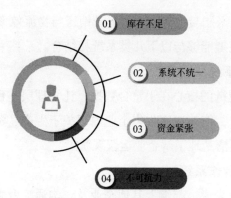

图 4-3 造成供应链中断的原因

### 1. 库存不足

以矿产行业为例,在生产环节,由于企业无法及时了解相关设备零配件的库存情况,仓库也不具备安全预警功能,因此往往在检修设备时才发现某些矿厂缺少零配件,只能暂停工作,导致供应链中断。

### 2. 系统不统一

大型集团的各个子公司往往采用不同的 IT 系统进行数据收集、核算等工作,提供给总公司的数据来源复杂、格式不统一,管理层难以进行快速、有效的数据分析,也就无法做出准确的决策。

### 3. 资金紧张

在产品销售不畅、货款回笼较慢,或者费用支出不合理、库存产品占用大量流动资金的情况下,企业会面临资金紧张的风险,无力购买生产所需原材料,无法按时完成货物交付,导致供应链中断。

### 4. 不可抗力

极端天气、政策变动等均属于不可抗力,企业难以预测。例如,2021年 8 月,飓风"艾达"袭击美国墨西哥湾,该区域内的大量原油与天然气设备遭到严重破坏,而救援需求的暴增导致美国的卡车运力紧张。

供应链中断会给企业带来极大的冲击,甚至会导致企业一蹶不振。而数字孪生供应链能够很好地解决供应链中断的问题。

其优势在于能够清晰地展现供应链上所有资产的配置情况,包括供应商设施、仓库位置、库存情况、运输使用的交通工具等。同时,数字孪生供应链的数据集成时间比 API 的更短,企业能够更加深入、快速地了解旗下业务，进而优化采购与生产方案，提升销售与物流效率。

数字孪生供应链能够与以下几类系统相结合。

**1. 企业业务系统**

数字孪生供应链的核心在于整合数据，让管理层一目了然。其与企业的业务系统相结合，能够快速收集企业内部关于生产、资源规划等方面的信息，让管理层更清楚地了解企业运营现状。

**2. 链上企业合作系统**

对于核心企业来说，与链上其他企业及时沟通，及时、全面收集各环节信息是防范供应链中断的必要举措。数字孪生供应链能够与链上企业共同使用的合作系统相结合，收集供应商及其他合作企业的最新消息，包括库存情况、生产进度、产品运输状态等。核心企业能够获得更全面的业务信息，及时调整规划。

**3. 警报系统**

数字孪生供应链能够助力企业构建自动警报系统，企业可自主设定阈值。当供应链关键指标达到阈值时，系统会及时向相关人员推送警报信息，并建立共享工作流程，方便各企业迅速协作、解决问题。

数字孪生供应链普及度不断提升，使供应链组织更加透明、灵活。其赋予企业更强的预测能力，帮助企业降低供应链中断的风险，为企业稳步发展保驾护航。

## 4.3 AI+ 生态化组织：强化供应链竞争优势

在构建生态化组织方面，AI 技术持续发力，强化供应链上各类主体的联系，促进企业之间的跨界联动，以及企业、用户之间的需求互通。AI 技术还能够助力企业打造绿色供应链，在承担社会责任的同时推动企业实现可持续发展。在 AI 技术支持下，企业可以持续关注市场变动，不断增强供应链弹性，以应对可能出现的各类风险。

### 4.3.1 智能互联：各类主体共创价值

在智能互联的供应链网络中，各类主体实现端到端的高效连接，进一步延伸业务触角,实现全方位、多维度的商业互动。在生态化组织的驱动下,供应链上各主体摒弃原先单向、固化的价值交付体系,建设多维、生态化的价值共创体系,从以下两个层面实现价值共创。

### 1. 企业联动:跨越市场边界,寻求创新合作

随着AI技术不断发展,供应链上的不同主体之间能够实现更为顺畅的业务交流,以高效的协同合作共创价值。

以阿里巴巴与内蒙古科尔沁牛业股份有限公司(以下简称"科尔沁牛业")的合作为例。作为我国有机牛肉的代表性生产企业,科尔沁牛业在发展过程中也曾面临资金紧张、规模难以扩大的窘境。为了走出困境,科尔沁牛业与阿里巴巴旗下的金融企业蚂蚁集团合作,以供应链金融方式获取资金,实现了规模扩张。

具体来说,蚂蚁集团向与科尔沁牛业合作的养殖企业及个体养殖户提供纯信用贷款。这种贷款并非现金,而是赋予养殖企业及个体养殖户购买农资、农具等产品的额度。养殖企业和个体养殖户可以利用这笔贷款在淘宝农资平台上购买品种牛、饲料以及其他生产经营所需物资。

肉牛出栏后,由科尔沁牛业收购,养殖企业及个体养殖户所得收购款将优先用于偿还贷款。与此同时,科尔沁牛业可以通过天猫生鲜平台销售其加工完成的生鲜牛肉及相关制品,获取相应利润。

在这一过程中,以AI技术为核心的大数据平台与线上新零售模式发挥了巨大作用。蚂蚁集团通过大数据平台,对科尔沁牛业供应链全链的运作活动实施24小时监控,把控金融风险,确保此次合作安全可靠。对于科尔沁牛业来说,与蚂蚁集团合作不仅使其资金紧张的问题得以解决,天猫生鲜这一线上新零售平台还助力其拓展销售市场。可以说,科尔沁牛业与阿里巴巴实现了双赢。

近年来,蚂蚁集团不断强化自身与AI技术的融合,提升业绩追踪能力和金融产品信息透明度,扩大服务半径,为更多小微企业和用户提供更加可靠、暖心的金融服务。

### 2. 企业+用户:把握需求动向,走在市场前沿

智能化平台所提供的虚拟空间强化了企业与用户之间的实时互动。用户不再被动接收信息,而成为企业的合作伙伴,可以参与到企业产品设

计、生产、物流等多个业务环节中,与企业共创价值。

对于企业来说,边缘智能技术使其能够通过终端设备及时获取用户使用产品的数据,分析用户的地域特征与消费习惯,从而对用户进行细分,为用户推荐个性化内容,刺激用户再次消费。

云端智能技术使企业能够整合不同时间、地点、类型的用户数据,从用户交易历史、服务评价、市场趋势等多种来源的数据中深度挖掘用户需求,洞察用户心理,形成完整的用户画像,从而预测用户接下来的产品需求和消费场景,在用户提出需求之前推出新的产品或服务。

可以预见的是,各类主体的交流、互动将会不断深入,这一趋势所产生的数据将成为企业把握市场潮流、挖掘潜在用户需求和创造价值的关键资源。企业需要合理利用 AI 技术,既要明确用户对产品功能、质量以及服务水平等方面的确定性需求,也要深入挖掘用户尚未明确的模糊性需求,把握用户需求动向,走在市场前沿。

综上所述,AI 技术使各行各业逐渐形成新的经济结构,即由核心企业、合作企业以及用户共同创造价值。在 AI 技术的影响下,不同行业能够打破知识与商业壁垒,实现去边界化合作和价值融合,进一步变革市场环境。

## 4.3.2 可持续发展:促进供应链绿色转型

随着经济社会不断发展,资源锐减和环境污染问题日益凸显。企业必须加快建设绿色供应链,以更加高效、智能、可持续的供应链体系应对市场竞争。

基于绿色供应链,企业能够优化资源配置,以更低的资源损耗获得更高的经济效益,在稳定发展的前提下实现节能减排,保护自然与社会环境。

AI 技术为企业建设绿色供应链提供了科学依据与技术支持。计算机视觉、人工神经网络、深度学习等技术在减少碳排放、提升可再生能源利用率、智慧城市建设等方面已经得到广泛应用,助力供应链各环节节能增效,实现全链绿色低碳发展。

2023 年 5 月,广东省能源局发布《广东省推进能源高质量发展实施方案（2023—2025年）》。作为广东省日化行业的代表性企业，立白日化有限公司（以下简称"立白"）深知企业必须以新能源推动转型升级，积极应对能源高消耗的问题。

然而，日化企业的生产用能处于持续波动中，如果不能解决能耗过多的问题，使能源供需匹配，就很难实现能源的充分利用。

针对能耗过多这一问题，立白利用AI技术建设能源管理系统，基于对各子公司生产车间碳排放、电能消耗等数据的整合分析建立相关模型，生成企业生产碳排放报告，以清晰、准确的图表展现企业碳排放特征，助力领导层更科学地管理企业碳资产、优化资源配置。

在AI技术的帮助下，立白建设了智能低碳工厂，智慧空压站、分布式工业蒸汽供应设备等智能装置协同发力。不仅如此，立白还积极布局光伏发电项目，充分利用空置的厂房屋顶，利用光伏板进行太阳能发电，进一步提升清洁能源利用效率，降低工厂二氧化碳排放量。

事实上，立白的智能低碳工厂只是广东"绿色变革"的冰山一角。广汽本田汽车有限公司（以下简称"广汽本田"）与广东蘑菇物联科技有限公司（以下简称"蘑菇物联"）合作，利用蘑菇物联的AI技术改造其制造工厂。

在改造之前，广汽本田的工程师需要每两小时巡检一次空压站，在噪声很大的车间里待将近一个小时。这不仅降低了设备运维效率，还对工程师的身体健康造成极大伤害。

如今，凭借蘑菇物联提供的"云智控"AI数智降碳方案，广汽本田的工程师通过手机系统即可完成巡检，每日巡检次数大幅减少，而车间设备的平均加载率则稳步提升，车间能耗显著降低。

目前，广东已拥有超过300家国家级绿色工厂和超过50家绿色供应链管理企业。其"绿色变革"从工厂内部向外延伸，逐步打通上下游企业，打造绿色供应链闭环。在这一过程中，AI技术与企业不断融合，打造工业AI，深度挖掘工业数据价值，为供应链绿色转型提供全流程优化方案。

### 4.3.3 以动态求稳定：打造弹性供应链

在经济全球化趋势下，企业既要洞察市场需求和用户需求，加快变革产品和服务，又要警惕来自自然、经济、社会等方面的突发性危机。企业必须提升快速应变能力，在动荡的大环境中迎接挑战，以动态调整谋求供应链稳定运作。

作为物流行业的代表性企业，美国联邦快递公司（以下简称"联邦快递"）为全球超过 200 个国家提供快递服务。在数字化转型中，联邦快递充分利用 AI 技术打造 FedEx Dataworks 平台，整合其物理与数字网络，收集每一个包裹在运输过程中的走向、天气、环境、用户交付地点、日期等全方位的实时数据。

FedEx Dataworks 平台能够自主分析数据，建立相关模型，为用户提供更为完善的物流方案。例如，联邦快递与医疗保健企业合作，利用 FedEx Dataworks 平台帮助客户企业分析并预测订单、包裹在封装、运输环境等方面的风险，为疫苗的运输制订专属解决方案。

FedEx Dataworks 平台采用包裹指纹技术为服务代理提供疫苗检测工具，使其能够及时知晓疫苗运输情况，确保包裹准时到达指定交付地点，将货物损耗降至最低。

利用 AI 算法构建数智化平台，及时收集和处理供应链运营过程中的数据，企业可以将导致相关环节出现问题的因素进行组合，分析不同组合对供应链的潜在影响，从而预测供应链在未来一段时间可能出现的风险和变动。

在此基础上，AI 利用其深度学习能力分析所有组合出现的可能性，有针对性地提出应对策略，确保供应链全链安全可控。

以宝洁集团为例，宝洁在供应链数字化转型过程中提出"千场千链"目标，即利用 AI、大数据、物联网等多种先进技术，在面对千店千面的商业环境和千人千面的消费者时能够快速响应实时需求、预测未来需求，提供并执行各具特色的供应链运营方案。

在生产流程上，宝洁借助工业 4.0 的科技升级智能制造，打造柔性生产能力和自动化生产能力，提升生产效率。此外，宝洁与阿里巴巴强强联合，借助电商平台的大数据能力预测用户需求，研发适销对路的新产品，最大化满足用户需求。

在物流运输上，为了缩短产品与用户之间的流通链路，宝洁重新构建了物流网络,将单一的一级分销供应链升级为双层级的动态网络。其中,第一层为大型物流中心,第二层为前置分销中心。

在协同各端制定最优供应链决策上,宝洁推动流程的自动化,用 AI 机器人替代人力,在一定程度上避免了人为的工作差异,提高了供应链运营效率。此外,宝洁还通过数字孪生技术对供应链实时数据进行数据建模,并仿真模拟解决方案的实际效果。

综上所述,AI 技术不断渗透供应链各环节,在市场预测、环境分析等多个方面持续发力,助力企业打造弹性供应链、提升风险应对能力和市场竞争优势。

# 第 5 章

# 大数据：数据剖析，供应链运营精细化

随着我国数字经济的蓬勃发展，许多企业制定了数字化发展策略。在企业运营过程中，供应链管理是一项重要工作。传统的供应链管理已经满足不了企业发展需求，许多企业尝试利用大数据赋能供应链，实现供应链运营精细化。

## 5.1 大数据赋能信息化工具

仓库管理系统（WMS）、客户关系管理（CRM）系统等信息化工具以大数据为依托，能够有效提高企业的仓储工作效率，助力企业实现仓储管理升级和供应链智能化、数字化。

### 5.1.1 WMS4.0：提升仓储工作效率

物流企业十分关注供应链管理，希望能够降低运输成本和货物损耗，提高物流效率。为了实现这些目的，物流企业可以使用基于大数据技术的仓库管理系统（WMS，Warehouse Management System）4.0进行数据管理，有效提高各个环节的工作效率。

货物运输过程相对复杂，需要经历出库、运输、转运等多个环节，每个环节都会产生大量数据。许多企业使用WMS4.0对复杂的数据进行处理，有效提高仓储工作效率，降低运营成本。WMS4.0主要有以下功能，如图5-1所示。

图5-1　WMS4.0的7个功能

（1）库存管理。在电商场景中，许多商家担心自己的商品库存不足，因为补货会降低发货效率和物流时效性，影响货物交付时间，引起消费者不满。引入WMS4.0后，可以有效解决这些问题。WMS4.0能够对商品进行批量管理，实现库存控制，确保仓库不缺货；对闲置物料进行管理，减少库存占用。

（2）操作管理。操作管理指的是规范物流站点管理流程，提高操作效率，对文档、凭证等进行整理。在操作管理方面，WMS4.0主要应用于3个方面，分别是规范操作、监控效率、管理文档。

一方面，WMS4.0减轻了仓储人员的工作负担，能够减少大量的统计工作；另一方面，仓储人员更容易对执行步骤进行监控，提高查找订单的速度。

WMS4.0还可以将文档电子化。工作人员可以通过拍照的方式将文档存储在系统中，实现文档信息的电子化管理。过去，收货信息具有滞后性，工作人员往往需要等到单据退回仓库才知道收货异常。如果将单据实时上传到网络中，那么工作人员就可以随时对单据进行审核，十分省时省力。

（3）信息流通。信息流通主要指对商品信息和订单信息进行管理，实现商品管理系统和订单管理系统的对接，从而实现信息的高效流通。而在两个系统对接不畅的情况下，工作人员则需要导入和导出报表。

大部分系统都可以实现单个报表的导入，但在报表较多时，可能会出现混乱。WMS4.0能够实现信息整合，包括商品信息、订单信息等，使信息流通更加迅速、便捷，避免信息重复录入。

（4）质量信息管理。WMS4.0能够对货物进行追踪。例如，一件货物生产完成，其质量信息和管理要求便会被录入系统，系统会对货物进行管理。如果冷藏货物被存放在常温仓库中，系统会及时提醒。一件货物到达仓库后，如何存储、如何使用、何时过期等，系统也会提醒。

（5）供需计划管理。在供需计划管理方面，系统需要对库存进行统计，并对需求进行预估，根据市场需求制定企业未来一段时间的发展战略。

WMS4.0可以有效减少人工制订计划可能引发的延误与遗漏问题，给供应商预留足够的备货时间。此外，明确的供需信息有助于企业合理安排仓储空间和操作人员。

（6）配送过程管理。配送过程可控性较差，很容易出现突发情况。而WMS4.0能够在配送过程中的信息管理、质量管理、成本控制等方面发挥重要作用。

（7）逆向物流管理。一些商家会设置专门的退货区域，对退货进行分类管理。WMS4.0能够对退货过程进行监测，准确、高效地解决问题。

WMS4.0能够在商品入库、在库、出库的仓储全流程中发挥作用，解决人力不足、管理混乱等问题，提升仓储工作效率，助力企业实现仓库管理智能化。

### 5.1.2 CRM系统：全渠道、精细化运营

数字化时代，企业只有借助数字化工具收集、分析并合理利用数据，才能拥有更大的发展空间。例如，CRM（Customer Relationship Management，客户关系管理）系统能够将海量数据整合起来，并合理利用。

CRM系统以管理、维护客户关系为目标，主要有5个优势，如图5-2所示。

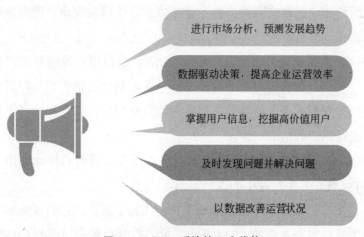

图5-2　CRM系统的5个优势

（1）进行市场分析，预测发展趋势。用户的消费行为在不断变化，企

业需要相应地更新自己的经营策略。CRM系统与大数据相结合，能够根据用户行为预测用户需求，帮助企业进行产品开发或开展促销活动，避免资源浪费。

CRM系统能够对用户购买记录进行分析，预测用户的未来偏好，帮助企业变革营销方式，对用户需求及时做出反应。

（2）数据驱动决策，提高企业运营效率。CRM系统能够与大数据相结合，基于数据分析结果，帮助企业明确发展目标，做出合理决策，提高运营效率。

（3）掌握用户信息，挖掘高价值用户。CRM系统会收集用户基本信息、消费习惯等数据，并建立数据库。基于数据库，CRM系统会通过数据分析找到触达用户的关键点，企业可据此调整营销策略，提高用户体验。

维护老用户的成本低于挖掘新用户的成本，因此，企业需要将重点放在维护老用户上，提高老用户的满意度和忠诚度。CRM系统能够记录和分析老用户的需求，基于此，企业可以为老用户提供精准服务。这在降低运营成本的同时，促使许多老用户回流，企业可与其建立更加紧密的关系。

（4）及时发现问题并解决问题。CRM系统通过数据挖掘技术发现问题，并制订相应的解决方案，为企业提供全方位管理视角，助力企业提升运营效率和竞争力。

（5）以数据改善运营状况。CRM系统会根据用户数据对用户进行分层管理，并制订具有针对性的营销方案。在定制化营销方案与广泛传播途径的共同作用下，企业能够将信息传递给目标用户，满足用户的个性化需求，实现对用户的精准运营。

CRM系统被广泛应用于各行各业，对行业发展具有推动作用。下面是CRM系统在6个行业中的应用实例。

（1）汽车行业。汽车行业主要有两类CRM系统，它们面向的主体不同。一类是针对制造商的CRM系统，另一类是针对分销商的CRM系统。在制造商拥有品牌控制权后，直销模式成为汽车行业的主流销售模式。CRM系统能够帮助制造商全方位了解用户，而无须经销商的帮助。基于此，经销商可以开展更具针对性的营销活动，增强用户黏性。

CRM 系统可以促使汽车企业开辟更多新业务。例如，许多企业开辟了汽车共享与租用业务、二手车业务等。

（2）消费品行业。激烈的市场竞争需要消费品企业不断开发新品，以满足用户需求。能够在竞争中胜出的企业往往十分了解用户，包括用户需要的产品、消费层级、购物途径等。

企业借助面向消费品行业的 CRM 系统，可以对用户行为进行深入了解。此外，CRM 系统还能够及时为企业提供市场信息，使企业可以快速应对市场变化，及时调整营销方式。

（3）时尚行业。时尚行业中的企业可以利用 CRM 系统了解产品销售情况，以及时补货；可以利用 CRM 系统收集用户购物信息，根据用户的购物偏好预测未来爆款产品，根据市场潮流和用户的偏好开发相应的产品，给用户带来独特的体验，从而提高用户的品牌忠诚度，增强用户黏性，提高销售额。

（4）保险行业。在保险行业中，用户体验十分重要，许多用户都愿意为优质的服务埋单。面向保险行业的 CRM 系统能够助力企业进行用户洞察，帮助企业改进服务模式。CRM 系统在保险行业的细分程度很高，保险行业需要从个人、生活、安全、产权等不同方面为用户提供服务。CRM 系统还能够面向用户，帮助用户比较保险产品，并通过系统中的自助服务购买保险产品，有效简化购买流程，提高销量。

（5）制造业。营销模式不断变革，许多制造商省略了中间商环节，采用直营模式，致力于提高利润。然而，对于许多传统制造业中的企业来说，如何卖出产品仍是一个难题。

面向制造业的 CRM 系统可以为企业提供全面的用户视图，帮助企业制订符合用户要求、价格适中的产品解决方案。此外，借助该系统，企业能够对整个产品制造生命周期进行管理，给用户带来更加优质的体验。

达成交易并不代表着用户体验之旅结束。在制造业中，售后服务市场也拥有巨大发展潜力。CRM 系统能够帮助企业监控售出的产品，以便企业及时为用户提供安装、升级、维修等服务，帮助企业与竞争对手抢夺额外的收入。

（6）零售业。随着时间的推移，零售业发生了巨大变化。许多零售商开始注重用户体验，为用户提供个性化推荐。在零售业中，CRM系统可以收集、分析用户数据，预测用户潜在需求，助力零售企业制定相应的营销策略。此外，CRM系统与AI、物联网等技术相结合，能够使企业与用户的互动更加流畅和便捷。

在新零售业崛起的背景下，零售商可以借助CRM系统为用户提供更多独特体验，占领用户心智，获得快速发展。

CRM系统已不仅是单纯的客户关系管理系统，还可与许多技术相结合，更新用户数据、提供用户洞察、推动相关行业创新。总之，在快速变化的时代，CRM系统能够助力企业提高自身竞争力。

### 5.1.3 沃尔玛：大数据分析覆盖供应链各组织

在2022年的《财富》世界500强榜单中，沃尔玛排名第一，这是其连续九年排名第一。沃尔玛的成功，离不开其独特的经营策略。

在零售行业中，供应链的重要性不言而喻。沃尔玛深知这一道理，以供应链为核心推进工作。沃尔玛在我国深耕20多年，建立了包括多温层、冷链、常温层在内的供应链网络；与大量供应商建立合作关系，积累了丰富的运营经验；利用大数据提升仓储效率，有效降低了运营成本。

沃尔玛采取店仓一体模式，能够有效吸引用户，提升用户体验。沃尔玛能够持续盈利，与其注重增强用户黏性、增加消费品类、提高短途配送效率等息息相关。沃尔玛认为，其需要以数字化手段提升自身实力，为用户创造更多价值，打造差异化竞争力。

沃尔玛拥有巨大的销售量，因此能够收集到大量销售及库存数据。沃尔玛将这些数据整合到综合技术平台并进行处理，然后根据数据对供应链各个方面进行分析，并做出决策。

沃尔玛拥有的数据体量庞大，其能够基于这些数据进行准确的营销趋势分析。那么，这些数据谁可以应用呢？沃尔玛供应链上的所有组织和个体都可以应用。

仓储经理可以根据供应链系统对销售数据进行分析，从而优化产品品类，并将产品投放到合适的地区；营销人员可以利用数据分析用户行为，了解用户需求变化，并精确到时间、地点。例如，在恶劣天气到来之前，用户倾向于储存保质期长、无须烹饪的食物。因此，沃尔玛会与这些品类的供应商进行合作。

沃尔玛凭借对用户细致入微的观察赢得了用户的喜爱，同时，凭借实力从供应商处获得了定价以及分销特许权。沃尔玛的数据对全球供应商开放。各个供应商都可以通过供应链系统了解产品流向与需求情况，便于有针对性地补货或推出新产品。

沃尔玛在我国持续进行配送一体化的供应链网络布局，包括产品包装、产品分拣、物流配送等。沃尔玛建设了许多大型配送中心，能够覆盖全国门店的商品配送。此外，沃尔玛还采用多种供应链解决方案协同的方式提高产品周转速度，使产品能够更快地到达用户手中。

沃尔玛认为，零售行业正在转型升级，其自身也要不断实践与创新，利用大数据提高端到端的供应效率，优化用户体验，为用户创造更多价值。

## 5.2 全面渗透：大数据技术赋能多个运营环节

大数据技术具有强大的能力，能够精准赋能企业运营的许多方面，包括：以用户需求为导向实现营销优化；助力企业打造灵活多变的动态运输网络；赋能企业绩效管理，助力企业降本增效。

### 5.2.1 营销优化：以用户需求为导向

如今，大数据技术成为企业营销优化的一项关键技术。企业可以通过对大量数据的收集、处理和分析，更加准确地了解用户行为、市场需求以及市场竞争状况，优化营销策略，提高营销效果。

大数据技术实现营销优化主要分为3步，分别是数据采集、数据处理和数据分析。

（1）数据采集。企业可以通过多种渠道收集用户数据，包括购物平台、社交平台、调查问卷等。企业需要收集的数据包括用户的浏览记录、消费历史、购物偏好等，这些数据有助于企业了解用户的消费需求，从而发现更多商机。

（2）数据处理。企业采集到的数据十分杂乱，需要经过处理才能使用。数据处理过程包括清洗、整合、分类等步骤，目的是剔除无效数据，将数据整理为可用的格式。

（3）数据分析。处理数据后，企业可以利用数据挖掘、机器学习等技术分析数据，从而了解用户的购物偏好、消费习惯等，以用户需求为导向进行营销优化。

大数据技术在市场营销中可应用于两个方面：一个是预测购买行为，另一个是优化定价策略。

（1）预测购买行为。企业可以利用大数据对用户的浏览历史、购物记录进行分析，从而预测用户未来的购买行为。例如，淘宝会基于用户数据为用户推荐其可能感兴趣的产品。这种个性化推荐能够有效提高产品销量和用户购物满意度。

（2）优化定价策略。在大数据支持下，企业可以全方位了解市场情况，从而优化定价策略。例如，企业可以根据销售数据了解产品的受欢迎程度和产品的销售高峰期，从而在销售高峰时提高价格，以获取更多利润。

许多大厂基于大数据分析策划了不少引起广泛关注的营销活动。例如，一些App会在年末生成用户个性化总结，这就是通过大数据技术对用户数据进行收集和分析的结果。

在各类年末总结中，网易云年度歌单热度较高，引起了用户的广泛讨论。网易云收集了用户的听歌数据，包括用户一年内听的次数最多的歌曲、发出的评论、听歌时间和偏好等，并进行分析，然后生成用户的个性化网易云年度歌单。

网易云年度歌单深度挖掘用户听歌喜好背后的情感元素，能够打动用户，促使用户进一步转发、分享，实现效果显著的产品营销。

在整个营销活动中，大数据起到了非常重要的作用。在大数据助力下，网易云才能深度挖掘用户需求、喜好，针对用户生成独一无二的个性化年度歌单。基于大数据，网易云还从情感入手，利用创意文案引发用户产生情感共鸣，与用户建立情感连接，从而提高用户好感度和忠诚度。

网易云年度歌单能够获得巨大成功，在于其实行个性化定制，具有特殊性、专属性，能够给用户带来归属感。同时，借助年度歌单回味一年的点点滴滴，能够触动用户的内心。

大数据具有广阔的应用前景，能够帮助企业获得更全面的用户数据，对营销策略进行优化，提高营销效果。需要注意的是，在利用大数据进行营销优化时，企业应该做好数据保护工作，避免泄露用户隐私、造成不良影响。

### 5.2.2 运输网络：实现灵活多变的动态运输

大数据、云计算等技术与物流行业融合，给全球运输网络带来了全新的机遇。许多企业开始在高新技术助力下搭建动态运输网络，实现物流运输的提质降本增效。

以运输管理云平台 oTMS 的核心系统 oneTMS 为例。oneTMS 是国内顶尖的运输管理云系统，将货运环节的制造商、承运商和收货方集中在同一平台，实现供应链的互联互通和物流运输的高效管理。

oneTMS 能够通过算法推荐与智能匹配技术，帮助货主找到符合业务特性的承运商。具体来说，oneTMS 允许货主自定义投标准入门槛，以获得更精准的承运商。同时，平台数据的沉淀能够使承运商的画像更加清晰、透明，便于货主选择。相较于复杂的线下比价方式，在 oneTMS 系统上，货主可以在线创建、分发价格文件，通过算法实现在线智能比价，提高招投标流程的科学性，从而打造一站式智能化运输服务平台。

此外，oneTMS 能够实现运输过程的信息透明化。司机能够借助车辆 GPS（Global Positioning System，全球定位系统）或手机 GPS，及时在 oneTMS 系统上同步货物状态；客户能够通过 oneTMS 的网页端或手机端，实时追踪物流运输状态，获取物流运输数据。同时，oneTMS 能够通过百度地图展示运单周期和路径，并提供预警（如迟到运单预警），从而对货物承运商进行有效约束，使运输全过程更加灵活高效。

货主和承运商能够通过订单类型、时间窗口等灵活的筛选条件一键生成账单，账单数据是基于电子合同执行情况自动匹配订单数据而生成的，任何异常费用、费用调整都会被记录并给出提示，以确保全流程合规和透明。

借助移动互联网、智能算法和云计算技术，oneTMS 的智慧动态运输网络突破了传统线下运输模式的协同障碍，使运输数据、运输过程更加透明，使动态运输网络更加灵活多变。

### 5.2.3 绩效管理：助力企业降本增效

数字化时代给企业的绩效管理带来了新的挑战和机遇。传统的绩效管理方式具有成本高昂、目标不明确等缺点，无法满足企业在新时代的发展需求，制约了企业管理水平的提升。

在绩效管理方面，大数据可以发挥重要的作用。企业可以借助各个方面的数据了解部门情况，更高效地进行绩效管理。借助大数据，企业能够升级绩效管理模式，使用多样的绩效管理工具，制定更加细化的考核目标。新型绩效管理模式能够激发员工的工作动力，提高员工的积极性，从而提升企业竞争力。

企业运用大数据进行绩效管理，可以实现降本增效，主要体现在以下 3 个方面。

（1）推动企业绩效管理更加公平。传统的绩效管理往往存在一定的主观性，绩效考核结果可能不公平。而利用大数据技术，企业管理者能够基于数据图表进行绩效管理，有针对性地改进企业内部的绩效考核制度。如此一来，绩效考核制度更符合企业的经营管理情况，绩效考核结果更加客观公平，从而能够为企业未来的重大决策提供支撑。

（2）能够帮助企业深入挖掘员工的价值，提升员工的工作积极性。大数据能够根据员工的基本信息和能力测试结果判断其实际价值和发展潜能，从而对员工进行高效管理。在绩效考核方面，企业可以利用大数据技术对员工进行全面考核，并将详细结果反馈给员工，使其意识到自身不足，在后续工作中积极改善。

（3）提高企业绩效管理效率，帮助企业节省成本。基于大数据技术，企业不再需要投入大量人力、物力进行绩效管理和绩效考核。通过相应的软件，企业可以对员工的数据进行统计和分析，随时了解自身经营情况。而且，企业能够避免重复管理或者管理不到位的情况发生，有效节约成本。

大数据对企业绩效管理工作的赋能主要体现在以下5个方面。

（1）使数据收集更加多样化。企业可以借助大数据技术收集来自各个方面的数据，包括生产、经营、销售等。这些数据涉及范围广，不仅局限于绩效管理，还涉及企业风险管理、成本管理等。企业需要深入挖掘这些数据的价值并合理利用，以提升自身经营效率和随机应变能力。

（2）实现绩效管理模式的创新。在大数据帮助下，企业能够更好地解决传统绩效管理中出现的问题，对员工进行统一管理，获得持续发展的动力。

（3）明确企业战略目标。企业想要获得长久的发展，就需要有明确的战略目标，并为之不断努力。此外，企业需要利用信息化方式提升自身内部管理能力和实力，实现可持续发展。

（4）提升企业信息化程度。许多企业对信息化工具和大数据系统的应用并不熟练，难以发挥出大数据的全部作用。因此，企业需要对相关工具、应用进行深入学习，任用专业人员开展工作，并定期对员工进行培训，确保信息化工具和大数据技术能够切实推动业务高效运转。

（5）充分挖掘员工潜力。数据分析能反映出许多问题，如质量监管存在疏漏、管理制度不完善等。企业可以通过数据分析发现潜在问题并快速解决问题，从而更好地完善绩效管理体系，充分挖掘员工潜力，激发员工释放更多价值。

在大数据得到广泛应用的背景下，企业可以利用大数据对绩效管理工作进行改革。具体来说，可以从以下几个方面入手。

### 1. 创新绩效考核方式，不断优化评价方法

传统的绩效考核往往以结果为导向，缺乏公平性，难以起到激励员工的作用。在大数据时代，企业可以利用大数据创新绩效考核方式，不断优化评价方法。

### 2. 制定科学的绩效目标

企业可以借助大数据对自身发展现状进行分析，并对未来发展趋势进行预测，从而制定科学的绩效目标。

### 3. 制定完善的绩效管理体系

企业需要制定完善的绩效管理体系，从而更好地发挥绩效管理的作用。

（1）制定绩效管理体系的主要目的是提升员工的工作积极性和工作效率。因此，企业应该根据自身情况完善绩效管理体系，解决绩效管理滞后的问题。

（2）企业内部往往存在许多部门，每个部门的特点不同。因此，企业在确定绩效管理模式和考核内容时，要考虑到各个部门的特殊性。企业应摒弃传统绩效管理制度，根据部门特点制定具有针对性的绩效管理制度，使绩效管理发挥出应有的作用。

（3）企业可以制定多层级绩效考核指标，确保绩效考核公平公正。制定绩效考核指标要注重企业层面、部门层面和员工个人层面目标的统一协调，使员工利益与企业发展挂钩，这样更能激发员工的工作动力，从而为企业创造更多价值。

### 4. 实现绩效管理精细化

一方面，企业可以通过大数据平台明确员工的性格特点、工作优势等，帮助他们在工作中充分发挥自身优势，为企业发展贡献更多力量。在与员工的沟通中，企业管理者应当从实际出发，以真诚打动员工，提升员工信任感，使员工更积极地为企业创收。

另一方面，企业可以通过大数据强化员工之间的关系。不同部门、不同岗位员工之间的关系是否和谐关系到企业的发展是否顺利，只有不同部门、不同岗位的员工之间相互配合，才能高效完成项目。反之，则会阻碍项目的开展。企业应该发挥大数据的优势，协调不同部门、不同岗位员工之间的关系，促使他们齐心协力完成工作。

总之，大数据在企业的绩效管理中发挥着重要作用。未来，大数据技术将会渗透到企业经营的更多方面，助力企业实现可持续发展。

## 5.2.4 可口可乐：大数据优化供应链绩效

作为全球知名的饮料品牌，可口可乐拥有上百家合作伙伴，供应链网络庞大且复杂，供应链管理面临很多困难，供应链绩效难以提升。

具体来说，可口可乐进行供应链管理遇到的挑战主要有以下3个。

一是全球供应链管理具有复杂性。可口可乐的供应商、合作商和客户遍布全球，可口可乐必须从中协调，确保供应链的每个环节都能平稳运行。而且，各个地区的政策、法规要求不同，更是增加了供应链管理的复杂性。

二是需要管理全球供应链的成本。可口可乐的原材料价格受到世界范围内经济发展形势影响，可能会产生较大波动，使得供应链成本增加，控制成本的难度加大。

三是需要管理全球供应链相关风险。可口可乐的供应商、分销商和客户位于全球各地，每个地区都有其特殊性，可能对供应链产生影响，一些影响较大的负面事件甚至会导致供应链瘫痪。

为了优化供应链绩效，可口可乐借助大数据技术进行供应链管理。可口可乐收集的数据中包含大量有效信息，具有很强的实用性，能够转化为企业情报，助力可口可乐提高洞察力。可口可乐采取协调整合的方式充分挖掘数据价值，使数据驱动决策理念从企业高层向各个层级决策者有序传递，贯穿于整个供应链。

例如，在橘子汁加工方面，从橘子采摘到原料加工，每一步都由计算机操控。此外，可口可乐还耗费巨额资金扩建果汁装瓶工厂，并在该工厂中使用了黑匣子技术。

黑匣子技术是一套算法，存储了超过600种口味，这些口味共同构成用户认知中的"橘子口味"。该算法能够推算出调配比例，包括水和果汁原浆的比例、需要添加的糖的量等，保证果汁拥有极佳的口感。此外，该算法还可以根据外部因素，如原材料价格、天气等的变化制订全新的生产计划。

总之，大数据技术在可口可乐供应链管理和供应链绩效优化中起到了重要作用。在大数据助力下，可口可乐的供应链不断优化，保持稳定发展。

# 第 6 章 区块链：信息溯源，供应链数据安全化

区块链是近年来十分受欢迎的一项技术，具有去中心化、不可篡改等特点，能够保护数据安全。区块链与供应链相结合，能够重塑供应链体系，提升供应链的安全性和可信度。

## 6.1 "区块链 + 供应链" 意味着什么

区块链与供应链相结合,给供应链带来一系列新的变化:一是多主体共享信息,能够共同维护数据安全;二是实现产品溯源,杜绝假货在市场上流通;三是基于区块链的智能合约有效提升企业信誉。

### 6.1.1 多主体共享信息:共同维护数据安全

区块链是一种分布式账本,具有公开、透明、不可篡改的特点。区块链能够将每次交易的信息记录在区块上,由各个节点的分布式账本进行存储,有效保证信息的完整性、可靠性和透明性,供应链上的各个主体都能获取到所需信息。区块链与供应链相结合能够有效解决信息不对称的问题,实现信息透明化。

(1)多主体共享信息,有效提高供应链整体运营效率。区块链账本上的信息能够由多个用户共同记录和分享。将区块链技术运用在供应链管理中,信息便可实现共享,有利于企业将用户需求变化及时反馈给供应链各个环节中的主体,使得它们能够及时调整策略。这样便能够实现供应链上下游的高效协作,实现信息可视化和流程优化,提高供应链整体运营效率。

(2)维护数据安全。区块链具有隐私保护机制,包括信息加密、解密授权、零知识证明等。根据这些机制,区块链可以解决隐私保护和数据共享之间的矛盾,使供应链上的各个主体能够安心共享数据。

(3)有效防止交易中出现欺诈、不公平等现象。传统交易往往由机构进行交易认证,然而中心化机构运营成本较高,且面临数据库被攻击、数据被篡改的风险,对供应链上下游实现信息共享造成阻碍。

在区块链助力下,供应链交易无须中心化交易机构进行认证,而是由各方交易主体作为不同的认证中心共同来认证。供应链上下游企业将会聚集在一起，共同组成一个"联盟链"。

联盟链仅允许供应链上的企业参与，并由其共同确认链内成员管理、认证、授权等问题。物料、物流、交易等信息都将记录上链，并在供应链各环节上的各个企业之间公开。基于联盟链，若供应链上的一个或多个主体试图修改供应链交易记录，其他主体便可及时察觉，并阻止其违法行为。

总之，作为一种颠覆性技术，区块链能够给供应链带来许多好处，如提高供应链的透明度、安全性，打造信任度更高的交易环境，构建更加安全可靠的供应链体系。

### 6.1.2 产品溯源：杜绝假货流通

区块链具有溯源功能，能够对供应链上的物流与产品信息进行溯源，包括产品来源、基本信息、运输状态等，能够保证产品的真实性与来源的可靠性，杜绝假货流通。

例如，华为云推出了区块链商品溯源解决方案。区块链商品溯源解决方案指的是将区块链技术应用于溯源行业，给每件商品设置单独的识别码，以便于确认商品种类、产地等信息。同时，区块链技术与物联网技术相结合，能够将商品的全部信息存储在区块链上。由于区块链具有信息不可篡改的特性，因此能够确保企业、消费者等主体追溯商品信息时查询到的数据是真实有效的。

华为云区块链商品溯源解决方案主要有以下4个特点。

（1）利用区块链技术保证信息安全可信。区块链的防篡改特性能够保证源头信息真实、可靠，提高了造假成本，降低了造假概率，极大地提高了用户对产品的信任，降低了监管部门的工作难度，利于监管部门快速取证执法。

（2）支持多种防伪溯源方法。华为云区块链商品溯源解决方案支持NFC（Near Field Communication，近距离无线通信技术）、RFID、二维码、密码锁等多种形式的产品溯源方法。该方案为用户提供了从普通商品到高端消费品等多个层次的产品溯源技术支持，以满足用户的不同需求。

（3）区块链商品溯源系统功能丰富，能够灵活拓展。系统能够根据用户需求进行功能定制，还可根据用户角色划分为多个子系统，满足不同用户的不同需求。同时，系统具有多个接口，可以与其他系统对接，进行数据交换。

（4）基于一物一码的渠道和营销管理。该方案能够突破常规营销方式，根据不同商业场景为企业提供以一物一码为基础的互动营销方式。这种营销方式将溯源系统、传统营销和新型营销相结合，创新了产品营销方式，为用户带来新奇的体验。同时，产品一物一码也有助于经销商进行渠道管理。

华为云区块链商品溯源解决方案的应用场景广泛，包括特色农产品溯源、快消品溯源、酒水溯源、药品溯源。

**1. 特色农产品溯源**

特色农产品指的是能够突出当地特色或者当地独有的、具有一定知名度的农产品。特色农产品往往带有地区性标签，能够提高原产地的知名度。

但是，特色农产品的高知名度和背后隐藏的巨大利润可能导致假货泛滥，影响其品牌形象和品牌声誉。在这种情况下，企业可以通过建立产品溯源体系，保证特色农产品的真实性，杜绝假货。

传统溯源系统往往由企业搭建，数据被存储在中心化系统中。中心化系统抗风险能力弱，数据有被篡改的风险。华为云区块链商品溯源解决方案能够实现对特色农产品的溯源保真，从农产品在田间生长、进入工厂加工，到售卖至用户家中，整个过程都能够被完整记录。

用户可以借助区块链商品溯源解决方案看到特色农产品生产、流通的全过程，从而更加放心地消费。

**2. 快消品溯源**

快消品是指用户在日常生活中经常需要购买、使用的产品，具有销售量大、流动性强的特点。大多数快消品没有建立安全可靠的溯源系统，无法对产品风险进行监控。同时，快消品市场竞争十分激烈，如果企业无法获得产品数据、用户购买数据等，便很难进行精准的市场营销。

通过华为云区块链商品溯源解决方案，企业能够对产品进行溯源，并且信息真实可靠。此外，用户可以随时随地通过手机扫描溯源二维码了解产品流通过程，与企业进行互动。根据溯源系统，企业能够及时了解用户的信息和反馈，并据此定制营销策略，实现精准营销。

**3. 酒水溯源**

酒水行业存在巨大利润空间，吸引了许多假货商贩，而传统的防伪技术不能帮助用户辨别真伪。华为云区块链商品溯源解决方案可以进行渠道管理，帮助用户辨别酒类产品的真伪。

区块链商品溯源解决方案可以防止产品信息被人为篡改，为用户购买正品保驾护航。同时，该方案可以记录酒水运输环节，保证产品来源可查、流向可追。

**4. 药品溯源**

区块链商品溯源解决方案可以实现药品"一物一码，物码同追"，有效保证用户的用药安全。依托于区块链技术，企业可以搭建药品溯源体系，对药品流通全过程进行追溯，保障药品安全。用户仅需扫描药品包装上的二维码，便可了解药品来源，放心购买。

总之，区块链防篡改的特性能够有效避免假货流通，降低用户买到假冒伪劣产品的概率，提升用户的购物安全性。

### 6.1.3 智能合约：提升企业信誉

区块链与智能合约的关系十分密切，区块链为智能合约提供了相应的数字系统和技术，使得智能合约能够正常运行。在区块链技术加持下，智能合约可以应用于供应链金融行业，提升企业信誉。

智能合约也被称为数字合约，能够在没有第三方介入的情况下对协议进行自动验证和执行。智能合约以信息化方式传播，由计算机验证与执行，具有自主性。

在传统供应链体系中，中小型企业融资十分困难，因为金融机构对中小型企业的还款能力缺乏信任，不愿为其提供资金。而在现代化供应链体系中，金融机构可以对中小型企业进行全方位了解，并通过大数据分析中小型企业的还款能力，防止中小型企业违约。在这样的情况下，金融机构愿意为中小型企业提供贷款，供应链金融应运而生。

供应链金融以核心企业为中心,将核心企业的信用作为凭证,为整个供应链的上下游企业提供金融服务。在供应链金融中,金融机构能够为核心企业提供融资与理财服务,并向核心企业的供应商提供信贷服务。

在传统供应链金融中,交易合同的签署与履行需要耗费大量人力,且涉及很多法律事项,因此增加了许多不确定性。而且,链上信息不对称、各企业形成信息孤岛等因素使得金融机构无法完全了解整个供应链的实时融资情况,从而难以控制信任风险。

面对这种情况,供应链金融引入了区块链,通过智能合约为企业融资提供便利。

(1)供应链金融可以借助区块链搭建联盟链解决信任问题。在区块链助力下,供应链上所有主体具有同等的信息获取权限,各主体进行交易时,其基础信息、运营状况等公开透明。

区块链能够解决信任问题,核心企业与各级供应商能够在供应链系统内设置共享账本,并在共享账本内分享业务信息,从而解决信息不对称的问题。

在去中心的情况下,金融机构不再将核心企业的信用担保作为放贷依据,而是将供应链上的企业通过开展业务活动而在联盟链上积累的信用作为放贷依据。

(2)使核心企业的信用沿着供应链有效传递。在区块链技术帮助下,供应链上的企业能够以数字凭证的方式记录所有交易,且交易记录不会被篡改。根据交易需求的不同,核心企业的信用背书被不断拆分,核心企业的信用能够传递给更多中小型企业。越来越多的中小型企业加入供应链金融,其融资需求得到满足。

(3)利用时间戳与共识算法保证链上信息真实可靠。在交易过程中,如果仅由交易一方单方面记录交易信息,那么交易双方难以完全信任彼此,容易产生纠纷。

而区块链技术可以将供应链上与核心企业有关的企业连接起来。区块链的共识算法要求链上数据都带有时间戳,以保证数据真实可靠。此外,金融机构还能够借助区块链寻找优质用户,有效提高业务能力和资金配置效率。

（4）利用智能合约降低金融机构信贷风险。智能合约是预先约定的可以在区块链中执行的程序，能够提升企业的信誉度。

智能合约能够将双方的约定以数字化形式存储在区块链中，有效降低了信贷流程中产生的评估成本和时间成本。智能合约能够自动运行，保证中小型企业按时还款，有效降低了不良贷款发生率，避免传统金融交易中挪用资金或违约的情况出现。

如果企业不按时还款，智能合约会自动停止执行，减少金融机构损失，降低金融机构面临的信贷风险。

总之，区块链与供应链金融相结合，能够消除传统供应链的诸多弊端。其中最重要的是，能够使供应链上的交易通过智能合约自动执行，提升企业信誉。

## 6.2 "区块链+供应链"经典案例

区块链为供应链的发展注入新的活力，许多企业在将区块链与供应链相结合方面已经进行了实践，并取得了一些成果。例如，京东利用区块链赋能产品一键溯源；沃尔玛与IBM展开合作，优化食品供应链；腾讯打造了"微企链"，致力于打造供应链金融服务平台。

### 6.2.1 京东：区块链赋能产品一键溯源

近年来，食品安全问题时有发生，用户对产品来源更加重视。为了使用户安心购物，电商行业与区块链技术相结合，实现产品溯源。

区块链上的数据具有真实性，且无法被篡改，能够很好地解决交易中的信任问题。因为交易中每个节点的信息都被记录并保存下来，所以交易的每一步都是可以追溯的。如果交易出现了问题，通过追溯各交易节点的信息，就可以找到出现问题的节点。这对交易双方信任关系的建立十分有利。

如今，越来越多企业将自身业务与区块链结合在一起，希望在数字化时代实现新的突破与发展。例如，京东成立了"京东品质溯源防伪联盟"，借助区块链搭建京东防伪溯源平台，以实现线上线下商品的追溯与防伪，加强品牌方与用户之间的信任。

例如,用户在京东商城中购买了肉制品,就可以通过包装上的溯源码查询肉制品来自哪个养殖场以及喂养的饲料、产地检疫证号、加工企业等信息。此外,用户还可以在溯源信息中查看商品配送信息。

通过区块链防伪溯源平台,非法交易和欺诈造假等行为都将无处遁形。在区块链防伪溯源平台上,京东向品牌商和零售企业开放 4 种支持技术,即数据采集技术、数据整合技术、数据可信技术、数据展示技术。目前,京东已经与科尔沁牛业合作,用户在京东商城购买科尔沁牛业的产品,就能够从牛肉养殖源头追溯产品信息。

未来,区块链防伪追溯平台将以京东商城为中心持续扩展,实现供应商、监管机构、第三方认证机构在联盟链节点方面的整体部署。京东也会将区块链防伪溯源平台的使用经验逐渐导入线下零售领域,引领"科技零售""可信赖购物"新风尚。

## 6.2.2 沃尔玛 +IBM:优化食品供应链

食品安全问题与每位用户息息相关,每年全球都有大量的人因食品问题而患病,食品安全问题需要引起企业和用户的重视。但在现实中,许多企业不具备追溯食品来源的能力,无法准确、及时地发现并预防食品安全问题。

食品安全问题贯穿于食品供应链的各个环节。从原材料采购、生产加工、运输、售卖,到食品到达用户手中,整条食品供应链上主体众多,溯源难度很大。

如果企业能够对食品进行溯源,第一时间找到问题食品的来源并及时控制,就可以减少损失,降低食品安全事件发生的概率。

区块链技术可以加强对食品的追踪,提高食品供应链透明度,保障食品安全。因此,许多企业将区块链技术应用于食品供应链优化中。例如,零售商沃尔玛与人工智能企业 IBM 合作,建立了食品安全协作联盟,并启动全球区块链计划。

全球区块链计划主要是利用区块链技术追踪、记录食品供应链的每一个环节。区块链的特性使得各个交易环节的记录无法被修改,能够增强食品真伪判断的安全保障,提高食品安全治理效率。

全球区块链计划的第一步是保障猪肉供应链安全。基于IBM研发的Hyperledger开源区块链技术,猪肉的所有信息,包括养殖场、加工厂、产品批号、运输时间、流通过程等都被记录在区块链上。借助该计划,沃尔玛可以随时查看猪肉生产流通信息以及交易过程,确保产品安全。

该计划能够使供应链上的各个主体都受益:养殖户可以掌握生猪的流向,规划养殖品种和数量;屠宰企业可以判断猪肉的保质期,了解猪肉流向;零售商可以掌握猪肉的生产、售卖流程;用户可以获得安全的产品。

沃尔玛还与京东、IBM、清华大学展开合作,共同成立了安全食品区块链溯源联盟,致力于借助区块链技术进一步提高食品的可追溯性和安全性。

该联盟内的企业可以借助区块链技术进行信息共享,根据自身需求和发展情况选择合适的食品溯源方式。沃尔玛曾经开展的一项测试表明,借助区块链技术,追溯一袋芒果从农场到门店的时间可从几星期、几天缩短到几秒。

### 6.2.3 腾讯"微企链":供应链金融服务平台

腾讯与供应链金融业务服务提供商联易融合作,以区块链技术为基础,打造了一个供应链金融服务平台——"微企链",以便于企业融资。腾讯认为,微企链是供应链金融、区块链和ABS平台的结合体。

微企链功能较多,能够从多方面为企业提供服务,保障企业权益。企业将原始资产登记上链,微企链会对企业进行严格的资格审核,确保企业提供的信息真实可靠。基于区块链的特性,微企链可以记录资金流通过程,并能够追溯到最初登记上链的原始资产,保障融资的安全性。

微企链专注于供应链金融的应收账款模式,以其与渣打银行的合作为例。核心企业在收到上游供货商提供的货物后往往不会立即付款,在这种情况下,上游供货商便拥有了一笔应收账款。当供应商缺乏资金时,可基于与核心企业的债权关系提出融资请求。微企链平台会利用区块链技术对供应商请求的真实性进行验证,并得到核心企业会按时支付款项的保证。在获得相应的保证后,上游供应商会将核心企业给予的债权凭证转发给渣打银行，以获得渣打银行的资金。上游供应商获得资金后，渣打银行成为核心企业新的债权人。

腾讯金融业务最早可追溯到 2005 年的腾讯财付通。2015 年，腾讯进行了业务合并与重组，组建了腾讯支付基础平台和金融应用线（Financial Technology，FiT），后又升级为腾讯金融科技。在腾讯金融科技的业务体系中，腾讯区块链属于"创新金融"板块。

腾讯区块链将重点布局供应链金融，且与科技巨头以区块链技术入局供应链金融不同，腾讯区块链更倾向于作为服务方为供应链上的各个主体提供服务。而与联易融联手推出的微企链平台，便是其在供应链金融领域的一次尝试。

总之，腾讯的微企链平台解决了传统供应链金融模式的痛点，使各类交易变得更加透明，有效降低了供应链金融的融资成本，为该领域注入了新的活力。

── 落地篇 ──

# 供应链数字化产业应用

# 第 7 章 决策数字化转型

当今时代,信息大爆炸,决策者在做决策前需要收集、筛选、分析信息和数据,做出正确决策的难度很高。如何找到有效的决策路径、合理运用数据尽快做出正确的决策,成为横亘在决策者面前的"一座大山"。智能决策为决策者解决这些难题提供了有效的思路和方法,下面将深入解析智能决策,助力企业实现决策数字化转型。

## 7.1 走近人机协同的智能决策

智能决策是一种新型决策模式，以大数据、人工智能为核心，对实际问题进行分析和预测，能够为决策者做出最佳决策提供支持。具体来说，智能决策能够赋能传统供应链优化，提升供应链"大脑"的运转效率。

### 7.1.1 智能决策赋能传统供应链优化

制造业是我国实体经济的支柱，发展历史悠久，产业结构庞大，供应链复杂度高。推动传统供应链实现数字化转型升级，成为众多制造企业在数字经济时代实现高质量发展的必然选择。

智能决策能够赋能传统供应链优化，具体表现在：智能决策可以优化企业供应计划、精益生产计划和库存计划，提高整个供应链的运营效率，实现精益生产、智能库存管理，降低物流运输成本。

在数字化浪潮下，传统供应链朝着更快响应市场需求、数据驱动、协同程度更高的方向发展。为了帮助制造企业在数字经济时代实现供应链数字化转型并平稳度过转型期，杉数科技（北京）有限公司（以下简称"杉数科技"）于2023年3月推出了一个面向工业制造企业的智能决策平台——杉数数弈。

在该平台上，制造企业可以科学、合理地安排生产计划，优化供应链管理流程。基于此，制造企业供应链的敏捷度与快速应变能力进一步提升，更好地满足了市场需求。

智能决策在传统供应链优化、重构过程中扮演着重要角色，成为制造企业提升供应链管理能力的落脚点。而杉数数弈平台能够助力制造企业进行高水平的供应链管理，以形成自己的核心竞争力。

为了适配对应的场景，促进企业供应链管理战略真正在生产、运营等场景中落地,杉数数弈平台以智能决策为核心,实现数据驱动、场景融合和行业划分,形成了"计算引擎+决策中台+业务场景"的平台生态。从供应链层面来看,不同企业有着不同的供应链管理和运营需求。杉数数弈平台深耕用户场景,从运营、创新等角度入手,为企业提供相应的供应链决策建议。

例如,杉数数弈平台基于智能算法和企业的业务发展情况,助力企业制订科学的数字化产销规划和多层次联动发展计划,为企业决策提供建议。平台还能助力企业提高决策质量、追踪计划实施过程,以对业务发展情况及决策实际执行效果进行动态监控,达到提升供应链管理效率的目标。

智能决策成为很多制造企业优化资源配置、变革传统供应链管理模式的利器,尤其是"链主"企业。在整合产业链上不同规模企业的生产、供应需求时,"链主"企业可以借助智能决策更好地发挥自己在供应链上的支撑引领作用,以实现供需匹配、协同发展。

例如,"链主"企业可以从整个产业链角度审视供应链运营是否存在问题、企业之间的协作程度是否足够高等,从而进行相应的管理优化,使整个产业链有序运转、柔性更强。

随着人工智能、工业物联网等技术的发展和应用,供应链上企业之间的联系会更加紧密,智能决策在赋能供应链优化方面的价值会更加凸显。企业应积极拥抱智能决策,勇敢地迎接供应链数字化转型的挑战,实现创新发展。

## 7.1.2 以 AI、大数据为核心的智能决策技术

智能决策技术随着数字经济、工业互联网等业态的发展而发展,可以帮助企业解决许多复杂的决策问题。在智能决策模式下,机器可以理解人类的行为、推测人类的意图,从而为人类的决策提供支持。

智能决策技术以人工智能、大数据为核心,能够与神经网络、机器学习、进化算法等技术相结合,进一步提升决策效率和准确性。智能决策技术能够自动对大量数据进行分析和处理,从而挖掘出隐藏在数据背后的趋势和规律,助力决策者做出科学、合理的决策。

智能决策技术具有 4 个特点，如图 7-1 所示。

图 7-1　智能决策技术的 4 个特点

**1. 高效性**

决策者可以借助智能决策技术快速分析大量数据并做出最终决策，决策时间更短，决策的准确性和可靠性更有保障。

**2. 预测性**

智能决策技术能够基于对历史决策数据和决策结果的分析，对未来的情况进行预测，并给出具有前瞻性的决策建议。在智能决策技术的帮助下，决策者的决策会更合理、更有预见性。

**3. 自我学习性**

智能决策技术具有自学习机制，可以基于不断更新的数据进行自我学习和优化，以调整和改进决策方案。

**4. 客观性**

智能决策技术的运行过程不受决策者主观意愿影响，只考虑数据等客观因素，可以更加全面、系统地对问题进行分析，有效避免决策偏差。

我国为智能决策技术的发展提供了肥沃的土壤。

从政策层面来看，2022 年初，国家有关部门发布的数字经济发展规划中提出，有条件的大型企业要形成数据驱动的智能决策能力。2022 年 8 月，科技部发布《关于支持建设新一代人工智能示范应用场景的通知》，提出各类企业应积极引入优化决策等技术，以在生产、运营等方面实现智能决策。

从市场需求层面来看，外部发展环境不确定使很多企业意识到柔性增长和数字化转型的重要性。消费模式的迭代升级、消费者需求的变化以及多个营销渠道的融合，使得传统的"产—供—销"格局发生变化。

为尽快适应变化，企业的生产、营销等都要具备足够高的敏捷性，这对企业的决策效率和准确性提出了更高要求，企业亟须进行决策数字化转型，智能决策成为企业的不二选择。

从技术层面来看，智能决策技术逐渐成熟，与大数据、人工智能等技术的融合程度不断提升。智能决策技术的应用价值和可行性已经在一些领域得到验证，如经济发展、医疗健康、金融保险、生产制造等。一些互联网大厂（如阿里巴巴、京东、华为）和数字化决策领域的垂直厂商（如杉数科技）不断推动智能决策技术创新，为智能决策技术落地开辟了广阔空间。

在智能决策技术不断发展过程中，数据起到的作用越来越重要，智能决策由模型驱动转变为数据驱动，决策的效率和准确度实现进一步飞跃。相信在未来，智能决策技术的应用范围将进一步拓展，应用生态会更加繁荣。

### 7.1.3　智能决策提升供应链"大脑"的运转效率

国际研究机构 Gartner 发布的《2022 年人工智能技术成熟度曲线》报告指出，企业越早引入复合人工智能、智能决策等技术，在市场中的竞争优势越大。该报告还指出，智能决策技术在企业业务流程重构和业务流程韧性、灵活性增强的过程中发挥着重要作用；全球范围内的智能决策市场已经形成并快速发展，决策者能够获得有效解决方案。

对于企业来说，智能决策已不是选做题，而是必做题，因为智能决策是供应链数字化转型的新动能。

如果把供应链比喻为人体，那么供应链上的各个环节就是四肢，传递数据和信息的渠道就是神经，供应链决策就是大脑。如果"大脑"反应迟钝、运转缓慢，就很容易做出错误的决策，导致供应链各环节错误百出，甚至导致供应链瘫痪。

而智能决策技术可以提升供应链"大脑"的运转效率和反应能力，"大脑"可以做出正确的决策，以保证各环节有序运转，整个供应链井井有条。

联想集团拥有优秀的供应链管理能力，曾经多次入选 Gartner 研究机构评选的全球供应链 25 强榜单。一直以来，联想集团积极自主研发先进技术，以实现供应链的数字化和智能化。在供应链智能决策方面，联想集团积累了丰富的技术成果与实践经验。

针对现代供应链管理与决策中的难题与挑战，联想研究院于 2022 年 4 月公开发布了《联想供应链智能决策技术白皮书》（以下简称《白皮书》）。联想研究院在《白皮书》中总结了联想集团对供应链智能决策技术进行的创新，以及实际使用过程中遇到的问题和积累的经验，并对智能决策技术与供应链融合发展的趋势进行了预测。

《白皮书》能够为各个行业中的企业进行供应链运营和管理以及进行供应链决策数字化转型提供经验参考。

联想集团积极研发、应用创新型技术，实现了供应链决策的快速高效、数据驱动、不断升级、科学精准。在此基础上，联想集团供应链管理全流程实现了智能决策，供应链决策的流程和模式进一步升级。

联想集团基于一种图神经网络——图注意力网络推出了 Relational GAT（R-GAT）技术方案，创新性地提出一种在复杂图结构下进行信息表示与传递的方式。除了图神经网络技术外，在求解器、强化学习、在线优化等技术领域，联想集团也取得了很多成果。

基于这些技术成果，联想集团打造了一套供应链智能决策解决方案。该方案涵盖范围广泛，包含多个具体的方案，如智慧零售供应链引擎方案、智能化生产排程方案、智能物流运输网络规划方案、智能物料分配方案、城市配送调度优化方案等。实施该方案后，联想供应链管理和决策的智能化、数字化水平有了显著提升。

联想集团的供应链智能决策实践具有借鉴意义，其他企业可以积极学习其经验，并结合自身实际发展情况，探索出适合自己的供应链智能决策解决方案，以提升供应链"大脑"的运转效率，尽快实现供应链决策数字化转型。

## 7.2 应对智能决策的三大挑战

智能决策具有诸多好处，但在实际运用过程中，企业需要应对三大挑战：供应不足时，智能决策如何兼顾公平与效率；面对复杂供应场景，智能决策如何发挥优势；智慧零售时代，智能决策如何优化零售供应链。

### 7.2.1 供应不足时，智能决策如何兼顾公平与效率

全球供应链市场的发展受到全球经济下行的影响，存在物料供应短缺的情况。而随着供应链上产品线的多元化，供应端物料种类增多，物料与产品之间的对应关系更加复杂。再加上供应链上各个企业经营目标的多样化，导致传统供应方式分配效率低下，难以实现在各企业间公平分配。

智能决策以大数据、云计算等技术为基础，兼顾供应链效率与分配公平，能够实现智能预测、规划、资源调度。例如，针对供应链上多元化产品线引发的复杂的物料分配问题，联想打造了全球供应链智能分货系统。该系统能够在供应不足时，通过找到多个可能的解决方案，以秒级速度响应客户的物料需求。

以联想笔记本供应链为例。在物料短缺时，各个维度上的决策都会影响分配的公平性以及交付质量、效率、成本等。在做供应链决策时，相关人员需要考虑物料的型号、品牌等多种因素。需要考虑的因素每增加一个，供应链系统求解的难度都会呈指数级增长，决策的复杂程度也会大幅度提升，从而无法快速给出公平、合理的物料分配方案。

联想全球供应链智能分货系统基于联想自主研发的多层级优化策略算法，能够逐个层级优化决策，极大地降低决策的复杂度，有效提高物料分配效率；能够根据不同客户的物料需求，在秒级内提供科学、合理的物料分配方案。

联想全球供应链智能分货系统能够在供应不足时兼顾公平与效率做出智能决策，助力企业提升供应链管理能力与运营效率，进一步实现降本增效。

## 7.2.2 面对复杂供应场景，智能决策如何发挥优势

随着数字化转型的深入，企业管理、业务运营方面的数字化程度不断加深，供应链的韧性与敏捷性不断增强。在供应链数字化转型过程中，企业在复杂供应场景下对高性能计算技术与先进算法的需求更加强烈，企业需要通过系统的优化求解实现智能决策。

智能决策是运筹优化、机器学习等多种数字化技术结合应用的成果，能够助力企业解决供应链数字化转型过程中出现的供应难题。可以说，供应链数字化转型的最终目标，就是供应链决策智能化。在《2022 工业"智能决策"白皮书——点亮企业增长的"灯塔"》中，智能决策被称为工业互联网智能化的"大脑"。这展现了智能决策技术的应用价值。

杉数科技于 2019 年发布了第一版线性求解器 COPT。COPT 是真正意义上的国产商用优化求解器，截至 2023 年 4 月，COPT 已经发展到 6.5 版本，在工业制造、电商零售、物流运输等多个领域得到应用，帮助这些领域中的企业解决了长期以来困扰它们的求解难题。

在消费场景下，零售企业面临一系列供应链管理难题，例如不同颗粒度下的需求计划、库存计划、动态定价等。面向零售行业，杉数科技推出了一款决策优化产品——"计划宇宙"。"计划宇宙"消费智能运营决策优化平台以智能决策技术为依托，帮助零售企业打造"预测—优化—模拟—协同"的供应链决策闭环。

此外，该平台还能够精准感知供应链上各个企业的需求变化并快速响应，实现智能决策，推动零售企业实现业务增长；能够将供应链运营场景细分，确保供应链计划具有精准性和可行性；从供应链发展全局出发审视供应链计划实施状态，助力零售企业实现精细化、差异化的供应链运营与管理。

在工业生产场景下，企业制订生产规划需要考虑物料占比、工序流程、客户个性化需求等多种因素。例如，在联想联宝工厂中，多个厂区、40 多条生产线、几百种产品、几十万种零部件，使得科学、合理地制定整个工厂的生产排程面临很大挑战。

针对这一问题，联想打造了高级计划与排程系统。该系统集成了多种

优化算法，具有求解性能高、运行效率高、可扩展性强等优势，极大地提升了联宝工厂生产排程的科学性。

具体来说，该系统搭载了一种序列到序列的 AI 排程模型，能够通过大量的优化训练获得相似问题规模化泛化的能力，从而对同类型任意规模的排程问题进行统一解决，满足企业大规模生产的需求。

为了解决支撑优化训练的真实数据不够的问题，该系统以强化学习技术为依托，通过对各个生产线的机器型号、产能、换线时长等参数进行分布拟合，产出很多虚拟数据用于 AI 排程模型的优化训练，使其具有普适性和泛化性。

联想高级计划与排程系统突破了传统高级计划和排程系统仅基于业务运行规则进行简单的自动化决策的局限，真正意义上实现了智能决策和生产资源最优化配置，可以助力企业更高效地做出生产决策。

### 7.2.3　智慧零售时代，智能决策如何优化零售供应链

在传统供应链中，补货基本由人工完成，这导致供应链无法实现精准补货。而智能决策能够通过对供应时间、数量、周期的准确控制来保证商品的供应效率，实现商品供需平衡，提高库存周转效率。

以某智慧零售企业为例。作为"AI+零售"领域的先行者，该企业搭建了集数据采集、数据分析、数据预测于一体的智能补货决策系统，能够准确展示商品信息、补货时间和补货数量，极大地提升了出货计划和销量预测的科学性。同时，该企业还为不同影响因子（如促销因子、季节性因子等）单独建模，为多样化的业务形态提供更加稳固的支撑。

该企业的智能补货决策系统通过在售货机上安装 AI 摄像头，精准识别售货机中每款商品的销售动态。智能补货决策系统能够根据商品的实时拿取情况判断该商品是否处于缺货状态，如果缺货，则会自动生成智能补货单，并及时推送至后仓显示屏和补货员手机上。

智能补货决策系统支持人工设置最小库存预警来触发补货。例如，某商品起初的货架陈列量为 15，当其陈列量达到最低值 5 时，智能补货决策系统便会将预警信息推送给仓库管理人员，尽可能地避免出现缺货情况。该系统代替了传统的人工补货模式，帮助商家更灵活地监控商品销售

情况，在降低人工成本的同时，大幅提升了商品补货效率。

此外，该企业能够通过 AI 智慧销售大脑随时洞察消费者需求变化，管理者可以及时了解商品需求等级，做出更加科学的决策，进而提升消费者体验。

该企业通过智能决策技术成功避免了人工补货的信息偏差，降低了商品的滞销率和缺货率，使商品供应量与市场需求尽可能地接近平衡，创造了数字零售新模式。

## 7.3 智能决策下的供应链数字化管理

智能决策是供应链数字化的核心。智能决策技术应用于供应链管理，能够提升供应链的柔性，推动供应链数字化进程。企业应积极引入智能决策技术，学习华为、联想等供应链数字化先锋的实践经验，尽快实现供应链数字化转型，提升自身的市场竞争力。

### 7.3.1 智能决策是供应链数字化的核心

供应链数字化是企业整体数字化的一个重要组成部分，能够实现供应链决策智能化和高效的供应链管理。

供应链数字化可以分为 3 个阶段，如图 7-2 所示。

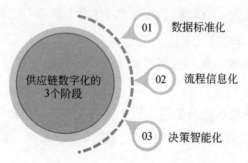

图 7-2 供应链数字化的 3 个阶段

**1. 数据标准化**

在数据标准化阶段，企业可以使用传感器、数据库等技术，与供应链上的上下游企业之间实现数据快速传输、存储。数据标准化为流程信息化奠定基础，想要实现数据标准化，企业就要提高数据的质量和准确性，并打造完善的数据分析体系，实现数据驱动决策。此外，企业还要推动数据在供应链上的共享和高效协同，打破数据孤岛，将数据分析结果应用于供应链运营管理中。

**2. 流程信息化**

在流程信息化阶段，企业内部引进了CRM、MES、ERP（Enterprise Resource Planning，企业资源计划）等系统，能够高效管理供应链日常运营工作，数据能够实现端到端连接。

**3. 决策智能化**

决策智能化是供应链数字化的核心，是供应链决策实现数智化转型的关键阶段。在这一阶段，大数据、人工智能、优化算法等技术助力企业实现供应链管理、供应链决策智能化。"智能决策"是2022年重要的战略技术趋势之一，2023年，大部分大型企业实现了决策智能化，实现了从"数据驱动"到"决策导向"的转型。

实现供应链管理的智能决策，能够助力企业在激烈的市场竞争中占据优势地位。例如，京东借助大数据、运筹优化等技术，打造了智能供应链决策引擎，为有供应链决策智能升级需求的企业提供帮助。

京东的智能供应链决策引擎能够自动收集供应链各环节的业务数据进行智能决策，并将最终的决策反馈给各个业务系统。此外，智能供应链决策引擎具有自成长性，可以基于机器学习体系不断学习、进化，推动智能决策体系不断优化和完善。

智能供应链决策引擎包含三层技术架构：基础技术层、智能引擎层、决策服务层。

基础技术层是最底层的架构，依托于京东智联云中先进的云计算、物联网等技术，为供应链全流程的运营与决策提供关键的数据分析和处理技术。

智能引擎层是京东智能供应链决策引擎技术架构的核心层，包含各种先进的算法模型、一站式开发和部署模型的工具。

决策服务层位于技术架构的最顶层，主要面向企业的实际决策，为企业提供覆盖供应链各个环节的智能决策服务。

京东的智能供应链决策引擎极大地提升了企业的决策效率和数智化程度，助力企业打造供应链智能决策体系。供应链智能决策体系能够将供应商、零售商、消费者等供应链上的各个参与主体连接起来，在供应链中形成协同效应，提升整个供应链的决策效率和运转效率。

目前，已经有很多企业积极进行供应链数字化转型。作为供应链数字化的核心，智能决策在企业整体数字化转型中发挥着重要作用，能够助力企业在激烈的市场竞争中获得优势，实现可持续发展。

### 7.3.2 智能决策提升供应链柔性

物料是企业进行产品生产的前提和基础，供应链的每一个流程都离不开物料的支撑。如果物料供应出现问题，就可能引发"多米诺骨牌效应"，导致生产、交付等后续流程难以正常进行。

物料管理是供应链管理中非常重要的一环，物料库存过多或者过少都会对企业的正常经营产生负面影响。科学的物料管理可以帮助企业打造柔性供应链，企业可以根据市场需求和自身供应能力的变化灵活进行库存的定量管理，避免出现库存积压或者缺货的情况。

从本质上来看，物料管理是企业成本和收益之间的博弈。如何做好二者之间的平衡，是困扰很多管理者的一大难题。

从物料管理流程来看，在开始生产前，企业要制订物料采购计划，做好物料储备工作；在投入生产后，企业要关注生产环节对物料需求的动态变化，以及时调整物料采购计划。

物料管理是一个动态、持续、精密的决策过程。但是在现实中，人为的决策有时无法及时响应生产环节对物料需求的变化。例如，客户临时增加了订单，物料不够怎么办？能否从其他订单中暂时挪用物料？临时用高价采购物料是否值得？

当生产环节出现很多物料问题时，管理者人为做出决策就会很困难，可能无法保证每个订单都有充足的物料。

随着工业数字化进程的加快，物料管理方式不断升级，但是需求端和供应端之间仍存在信息孤岛，管理者做出决策的效率低下，无法及时应对变化。

在这样的背景下，智能决策技术越来越受青睐，它为物料管理提供了一种新路径，能够助力企业打造柔性供应链。智能决策技术可以帮助企业收集、分析供应链各环节数据，实现供应链管理精细化和敏捷化。

当前，已经有一些企业将智能决策技术应用于物料管理中。例如，为了提升物料分配的科学性、解决物料分配难题，宁波舜宇光电信息有限公司（以下简称"舜宇光电"）与杉数科技合作打造了物料分配智能决策平台。该平台集产供销于一体，在综合评估内外部因素基础上进行科学的物料分配和数字化、智能化的物料管理，能够实现生产、库存、物流运输等环节的协同优化。

又如，在凯迪拉克的工厂中，杉数科技为其打造的智能排产方案在综合评估市场需求、企业内外部因素、生产成本基础上，实现了智能排产和对物料需求的灵活响应。

智能决策技术为物料管理提供了新的范式。具体来说，如果企业能够提前明确物料需求，就可以游刃有余地和供应商进行价格谈判。智能决策技术以人工智能和运筹优化技术为依托，帮助企业进行需求预测，企业可以根据预测结果制订科学的物料计划。

此外，针对物料分配和领用问题，智能决策技术可以帮助企业构建物料分配模型，实现端到端的物料分配和管理。

将智能决策技术应用于物料管理中，有助于提升整个供应链的柔性。企业可以未雨绸缪，灵活应对各种物料问题和供应链风险，从而实现可持续发展。

### 7.3.3 华为：供应链数字化的 5 个评估维度

在供应链数字化转型方面，华为走在前列，为其他企业的供应链数字化实践提供了借鉴与参考。

2020 年，华为供应链 ISC+（Integrated Supply Chain，集成供应链）变革完成。基于此，华为绘制了 2025 年要实现的供应链数字化转型蓝图，明确了未来的两个发展方向：一是形成能够支撑多个产业差异化发展的供应链能力；二是打造连接不同参与主体、高效协同的供应链生态体系。

构建安全、灵活、高效协同的供应链生态体系不能仅靠一家企业的努力,而是需要供应链上各个参与主体密切协作。但是,供应链上各个参与主体进行数字化转型的方式不尽相同、数字化水平参差不齐,因此在协同打造供应链生态体系过程中会遇到一些阻碍。

针对这一问题,华为总结自身供应链数字化转型的实践经验,打造了具有普适性的供应链数字化转型评估模型。该模型能够助力供应链上各个参与主体对如何开展供应链数字化转型和供应链数字化程度有一个清醒的认知,便于它们明确自己所处的转型阶段和未来发展方向。

华为供应链数字化转型评估模型从 5 个维度对企业供应链数字化程度进行评估,如图 7-3 所示。

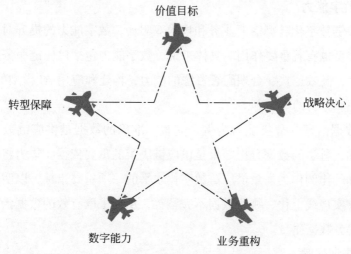

图 7-3 华为供应链数字化转型评估模型

**1. 价值目标**

第一个评估维度是价值目标。企业应围绕供应链的价值来确定供应链数字化转型的目标,并根据其价值评估转型效果。例如,华为供应链数字化转型的价值目标首先聚焦客户体验,其次聚焦企业可持续发展。

以企业可持续发展为例。基于绿色低碳的发展目标,华为供应链智能运营中心将华为及其合作伙伴的供应链碳排放情况绘制成数字化地图,向生态体系中的各利益相关方展示华为及其合作伙伴的节能减排效果,不断督促华为及其合作伙伴提升绿色低碳发展能力。

**2. 战略决心**

供应链数字化转型需要企业领导者明确战略决心，即明确转型愿景和发展方向。有了明确的战略决心，才能绘制完善的架构蓝图。架构蓝图是对业务架构、应用架构、技术架构等的发展蓝图进行全面化描述，是企业各个层级的管理者和执行层员工对供应链未来发展前景的美好设想。

**3. 业务重构**

因为供应链数字化转型涉及流程重构和业务升级，所以会引发业务运行模式发生变革。华为梳理了供应链数字化转型涉及的业务能力，并针对每一项业务能力制定了衡量其数字化水平的标准。

**4. 数字能力**

供应链数字化转型需要业务和技术双驱动，数字能力的提升对供应链数字化转型也有着重要作用。具体来说，数字能力包括供应链服务化和云化的能力，高效连接、合理配置资源的能力，构建和应用AI模型的能力，数据治理和分析的能力等。

以数据治理和分析能力为例。完整、准确的数据是供应链数字化转型的基础，科学的数据分析结果是供应链决策的重要依据。华为将数据完整、准确的比例作为衡量供应链数字化水平的一项重要指标，以明确哪些数据没有实现线上化、哪些数据不完整等，从而采取有效的数据治理措施进一步提升数据质量。

**5. 转型保障**

供应链数字化转型是一项系统工程，除了需要技术支撑和业务创新外，还需要在组织、人才、企业文化等方面进行变革。数字化理念要渗透企业各个部门、贯穿企业运营各个环节，这样才能为供应链数字化转型提供良好的环境，供应链数字化转型才能有序推进。

### 7.3.4 联想：供应链数字化计划

供应链数字化转型能够助力企业提升供应链管理能力和供应链的韧性，使企业获得更多竞争优势。在供应链全链路数字化背景下，供应链数字化管理系统应具备一项新的功能——供应链数字化计划。

供应链数字化计划能够将供应链上的上下游企业连接起来，并基于大数据、优化算法等技术准确预测客户需求，将产品生产计划、客户采购计划、库存计划等整合起来，提高供应链的响应速度和敏捷性。

联想供应链的发展经历了精益化、自动化、数字化和智能化四个阶段。当前，联想供应链处于智能化发展阶段，能够进行智能决策，制订科学、合理的供应链计划。

在2023年6月召开的"2023工业互联网大会"上，工业互联网产业联盟公布了"2023年供应链数字化转型案例"，联想凭借"全球供应链ESG数字化平台"荣获优秀案例第一名。

ESG是Environmental（环境）、Social（社会）和Governance（治理）三个单词的首字母缩写，是一种先进的管理理念，体现了联想积极承担社会责任、参与社会治理的主人翁意识。

联想供应链覆盖全球许多国家和地区，在全球供应链面临危机的大背景下，联想供应链面临的风险大幅增加。联想将ESG理念融入供应链管理中，有效提升了供应链抗风险能力和运转效率。联想依托自身的技术架构进行供应链低碳化、绿色化转型，不断巩固自身供应链优势，面向全球市场提供高质量的产品与服务。

联想"全球供应链ESG数字化平台"有助于构建数据驱动的智能供应链ESG生态体系，也有助于进一步提升供应链ESG管理能力。该平台主要面向四个领域，即可持续产品领域、可持续价值链领域、净零排放领域和全球供应链ESG管理领域。

在可持续产品领域，该平台致力于提供有助于环境和社会可持续发展的产品。该平台充分分析产品使用的原料、产品生产、物流运输、实际使用等过程中产生的能源消耗，并根据分析结果提供针对性改善措施，助力产品实现绿色低碳化发展。

在可持续价值链领域，该平台采取统一的管理方法，致力于减少供应链给环境和社会发展带来的负面影响。通过对供应商进行ESG评估、为可持续采购提供支持等，该平台助力企业提高资源配置效率，降低ESG风险。

在净零排放领域，该平台对整个供应链的温室气体排放进行核算，包括企业运营、产品生产、物流运输等过程中的碳排放。

在全球供应链 ESG 管理领域，该平台助力企业将 ESG 理念融入日常供应链管理过程中，提升全球供应链应对 ESG 风险的能力。

联想"全球供应链 ESG 数字化平台"能够集中管理分散的 ESG 数据，打造 ESG 管理闭环，提升企业基于数据驱动的、有关供应链 ESG 的智能决策能力。

# 第 8 章　采购数字化转型

随着数字技术的发展，我国数字经济建设取得了显著成就。作为我国数字经济体系的重要组成部分，企业数字化转型迫在眉睫，而采购数字化转型在企业数字化转型总体布局中占据重要地位。因此，企业应秉持数字化思维，积极探索新型采购模式，实现降本增效，提升市场竞争力。

## 8.1 采购数字化转型势在必行

采购是企业经营的一个重要环节，为企业创造价值、获取利润提供所需资源。传统采购模式存在一些弊端，导致企业难以实现降本增效的目标。在全行业数字化转型背景下，企业应积极探索数字化采购，以实现从采购 1.0 到采购 4.0 的转变。

### 8.1.1 痛点分析：传统采购弊端不容忽视

随着信息化和数字化建设的加快，传统采购的弊端日益凸显，对企业正常经营造成影响，甚至会损害企业利益，阻碍企业长远发展。企业应正视自身采购业务中存在的问题，及时采取措施，顺应采购数字化转型的时代潮流。

传统采购存在的弊端如图 8-1 所示。

图 8-1　传统采购的 4 个弊端

**1. 信息不对称**

传统采购过程是信息不对称博弈的过程。在传统采购中，选择供应商是首要任务。采购方在选择供应商时，往往倾向于隐瞒一些私有信息，以减少供应商的竞争筹码，避免对己方不利。同时，供应商在相互竞争中也会倾向于保留一些自己的私有信息，这使得采购方和供应商之间不能进行高效的信息交流和沟通，引发了信息不对称博弈。

### 2. 质量控制难度大

在传统采购中，货品质量控制难度较大，质量是采购方在采购货品时考虑的关键要素。但在传统采购中，采购方很难参与质量控制流程或生产组织过程，很多流程是不透明的。这种缺乏合作的采购流程使物品质量难以得到保障。即使采购方验货时能够检验出不合格物品，也会损害自身的经济利益。

### 3. 需求响应能力弱

在传统采购模式下，供需双方缺乏及时、准确的信息反馈，不能及时响应市场需求的变化。当市场需求发生变化时，采购合同难以及时变更。如果采购方想要继续订货，只能重新与供应商谈判。这导致采购成本增加、采购流程复杂、采购周期延长，不利于企业实现快速发展。

### 4. 缺乏战略合作意识

在传统采购中，很多采购方会将供应商看作竞争对手，这是一种"零和竞争"模式。在这样的模式下，供需双方之间的合作关系往往是短暂的、临时性的，且竞争多于合作。这给采购流程增添了很多不确定性，导致供需双方很容易产生纠纷和矛盾。

传统采购存在的弊端在一定程度上制约了企业的发展，想要消除弊端，实现从传统采购到数字化采购的跨越，企业需要做好以下3个方面的准备工作。

第一，打造端对端的采购流程

数字化采购需要以端对端的业务流程为基础。企业可以通过集成内部信息系统的方式来提升采购管理与供应商管理的透明度，实现预算、需求分析、寻源、寄售、库存、付款等环节的数字化，从而突破行业和地域限制，提升采购变革的战略价值。

第二，实现采购数据共享

精准、海量的数据是打造数字化采购系统的基础。在内部，企业应促进各部门间采购数据共享，使得采购部门、生产部门、销售部门、人力资源部门、行政部门等各部门对企业物资消耗及成本投入有一定的了解，从而在源头上实现降本增效。

在外部，企业应尽可能地实现与供应商、用户的数据共享。数据共享是一项长期、复杂的工作，在初期，企业或许无法与所有供应商、用户实现数据共享，但可以有序推进数据共享系统建设。企业可以将战略用户与战略供应商作为数据共享切入点，搭建数据共享平台的框架，再以点带线、以线带面地打造完善的数据共享平台。

第三，掌握数字化技术

数字化采购系统可以帮助企业将供应链中的各个环节连接起来，实现真正的数据互联。5G技术的广泛应用使得采购信息能够及时传输，极大地提升了采购效率。企业应在采购环节充分掌握、应用数字化技术，发挥数字化技术的价值。

当下，传统采购已无法满足企业数字化发展需要，数字化采购是时代发展的大趋势。但实现采购数字化转型并非易事，企业应竭力消除数字化采购的弊端，开拓采购数字化发展的空间。

## 8.1.2 数字化演进：从采购1.0到采购4.0

在数字化浪潮下，企业的经营与运作要足够灵活高效，这对采购提出了更高要求。在数字化技术和企业降本增效需求推动下，采购经历了从1.0到4.0的演进，采购流程更加精简，效率更高，成本更低。

从采购1.0到采购4.0，每个阶段的特点各不相同，策略也不一样。

### 1. 采购1.0

在初创期，企业往往处于采购1.0阶段，该阶段主要有以下3个特征。

（1）物品类别分散。在采购1.0阶段，企业一般只集中采购与生产直接相关的物资，行政部门、人力资源部门、销售部门等职能部门的物资往往由各部门自行采购。由于各部门缺乏统一的安排和调配，因此采购物品的类别往往较为分散，以致无法形成规模效应。

（2）绩效管理靠"人"。从接到客户需求开始，谈判、签订合同、跟单、付款等事项基本由采购员一人全权负责，如果缺乏监管可能会引发一定的采购风险。对此，一些企业增添了审核环节，这在一定程度上降低了采购风险，但也导致采购手续烦琐、采购效率低下。

（3）忙业务，少管理。采购部门的员工一般都忙于和供应商谈判、催货，对采购战略、数据分析等工作不够重视，以致难以实现对采购业务的充分管理和优化。

#### 2. 采购2.0

采购2.0通过制度与流程建设，着力于实现采购管理的阳光化、规范化。以下是该阶段的3个主要特征。

（1）管理集中化。在采购2.0阶段，为了规范采购管理制度，企业往往集中管理各个部门的采购工作。除原材料外，企业将MRO（Maintenance，Repair and Operating，维修与作业耗材）类采购、服务行政类采购、建设工程类采购等采购需求集中到采购部门，所需物资由采购部门统一采购。

随着业务的发展，为解决各部门由于需求分散、信息不畅而导致的重复采购、重复储备等问题，企业着手对各部门的采购需求进行整合，以尽可能地降低采购成本。

（2）过程阳光化。企业对内强化管理职能，健全管理制度；对外鼓励更多优质供应商参与竞争，并按照一定的标准对供应商进行择优选择，从而使采购过程更加透明化、阳光化。

（3）分工专业化。为了规避采购风险，一些企业将采购流程分段处理，即将"采"与"购"两大职能分离，实行采购战略性分段模式，提升分工的专业化程度。

#### 3. 采购3.0

在采购2.0后期，企业能够意识到降低采购成本的重要性。于是，在采购3.0阶段，企业以降低采购成本为主要目标，开始寻求跨部门沟通与协作。

当企业逐渐发展壮大，受文化、考核、管理者等多种因素影响，部门之间容易形成"部门墙"，也就是各部门往往只关注自己的绩效，很少站在总成本的角度考虑问题，导致企业内耗严重。于是，企业需要开展"拆墙"活动，从仅靠采购部门降本增效向跨部门协作转变，使各部门在采购方面达成高度的战略共识。

### 4. 采购4.0

在市场形势复杂多变的时代背景下，企业供应链面临的风险越来越大。在这种情况下，企业应积极进阶到采购4.0，打造供应链生态，更新采购运作模式，提升采购管理能力和市场需求响应能力。

供应链生态指的是，处于同一个供应链上的上下游企业合作共赢、资源共享、能力互补，以实现价值创造最大化。打造供应链生态有利于推动采购3.0向采购4.0进化。采购4.0具有以下3个特征。

（1）打破"围墙"限制。在采购4.0模式下，参与采购的主体不仅有企业，还包括企业所处供应链上的上下游伙伴，如供应商、物流公司、客户等。这打破了传统采购仅在企业与供应商之间进行的"围墙"限制。

（2）多方合作进行价值创造。一般来说，积极进阶到采购4.0或者已经进入采购4.0阶段的企业，大多有着长远的发展目标，且管理有序、数字化程度较高。这些企业更注重和供应链上的合作伙伴合作，共同进行价值创造，以打造可持续发展、多方共赢的供应链生态。

（3）采购岗位、部门的职责和采购工作内容发生变化。在采购4.0阶段，采购岗位的职责从之前的维护交易关系、尽可能地压价，转变为在注重企业整体效益基础上实现采购价值贡献最大化。采购部门逐渐转变为供应商支持中心和利润中心，不仅要关注采购成本，还要做好库存管理、供应商管理。采购人员从之前的负责比价、购买转向参与决策，如分析价格、判断性价比、决定是否选择某家供应商等。

企业应制订完善的采购数字化转型方案，充分利用各种数字化技术和工具，循序渐进地推进采购数字化转型，最终迈进采购4.0阶段，实现真正意义上的降本增效。

## 8.1.3 数字化采购与传统采购有何区别

在数字化技术助力下，数字化采购蓬勃发展，颠覆了传统采购模式。那么数字化采购和传统采购究竟有何区别呢？

从某种意义上说，数字化采购是传统采购在数字经济发展趋势下的新实践。数字化采购借助物联网、5G、机器人流程自动化、人工智能等技术，助力企业实现采购全流程数字化和云端协同。

数字化采购在继承传统采购优点的基础上实现创新，二者在以下几个方面存在区别，如图8-2所示。

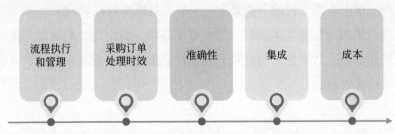

图 8-2 数字化采购和传统采购的区别

### 1. 流程执行和管理

传统采购往往通过人工执行、管理采购流程，采购流程烦琐、复杂，需要人工线下审核采购目标、采购合同等。数字化采购则基于大数据、云计算等数字化技术和在线采购平台，线上化、数字化贯穿寻找供应商、接入供应商、签约、交付等采购全流程。

### 2. 采购订单处理时效

在传统采购模式下，企业的采购订单需要很长时间来处理，因为一些材料需要通过邮件或传真方式发送。而在数字化采购模式下，在线采购平台可以实现采购订单的快速创建、及时发送和接收，采购订单处理时效性更高。

### 3. 准确性

在传统采购模式下，采购订单依赖人工处理，可能会出现一些人为错误。而在数字化采购模式下，采购订单以数字化方式被创建和管理，出现错误的可能性降低，订单准确性提高。

### 4. 集成

传统采购主要在线下进行，无法实现信息、环节的集成。而在数字化采购模式下，采购工作可以与一些数字化工具和系统集成，如电子发票、在线库存管理平台等。这有利于进一步简化采购流程，提高企业整体运营效率。

### 5. 成本

在传统采购模式下，采购人员需要花费大量时间进行市场调研、招标、比价,而且需要支付纸张、打印、邮寄等费用,采购成本居高不下。而在数字化采购模式下,采购的前期准备工作都可以在线上高效完成,而且采购过程中需要支付的杂费更少,采购更具成本效益。

传统采购为数字化采购的发展奠定了基础,数字化采购是对传统采购的升级和革新。数字化采购优势显著,能够助力企业缩减采购支出,获得更大的经济效益。

## 8.2 数字化思维下的新型采购模式

在数字化浪潮的推动和数字化技术的加持下,供应链互联程度进一步提升,供应链上的各个主体能够紧密协作、信息共享,促进供应链生态形成。在这种趋势下,新型采购模式,如共享采购、集中采购、协作采购等应运而生,给传统采购模式带来颠覆和变革。

### 8.2.1 共享采购:推动规模经济形成

共享采购是指同行业中的多家企业形成联盟,采购共同需要但平常使用频率较低的物品。各个企业根据使用物品的次数或者使用损耗情况合理地分摊采购成本,以减少采购支出,降低采购成本。

共享采购是数字经济时代的一种新型采购模式,各参与方共同承担成本、共同使用资源,实现原料供需匹配最优化。

在供应链管理系统助力下,协同采购的效率有了显著提升,但这种封闭性较强的线性管理体系容易形成大型数据孤岛。在缺乏信息交流的情况下,企业抵御风险和谈判议价的能力被削弱。

世界范围内原材料价格上涨进一步增加了经济环境的不确定性,企业亟须摆脱旧有模式,增强采购风险防控意识,提升采购工作的集约化程度,打造共享采购系统。

互联网具有共享的属性,可以更快地接入全球性资源和服务,将线上信息整合与线下采购过程有机结合,从而以最低的成本创造最大的价值。企业可以和第三方合作,借助互联网平台实现共享采购,形成规模效应。这种新兴、多元的采购模式将替代传统线性、封闭的采购模式,推动资源的社会化交换。

同时，随着新一代数字技术的广泛应用，企业的采购模式由面向供应链的电子采购转变为面向社会的互联网采购。共享是互联网采购模式的重要特征，使采购更专业，极大地提升了采购工作的效率和质量，帮助企业更好、更快地创新业务模式，降低运营风险。

这种共享可以是一个企业内部各个部门之间的共享，也可以是不同企业间的共享。它实现了采购业务再分工，使企业可以用较低的成本获取优质的资源。如今，越来越多的企业借助共享采购模式实现了采购业务数字化转型，向社会化智慧采购新生态迈进。

### 8.2.2 集中采购：简化流程＋控制成本

集中采购指的是企业在采购物品或服务时，将各个部门分散的采购需求整合起来，交由专业的第三方采购机构或企业内部的采购团队负责，统一进行物资或服务的采购决策和执行。

集中采购是简化采购流程、控制采购成本的有效方式，主要有以下几个优点。

**1. 降低成本**

集中采购可以实现批量化采购，有利于企业在采购谈判中获得更优惠的价格，从而降低采购成本。

**2. 提升效率**

在集中采购模式下，一些烦琐的采购流程被省略，一些重复的采购需求得到整合，采购工作的效率更高、结果更好。

**3. 提升供应链集成服务能力**

在集中采购模式下，企业对物资的整体把控能力更高，企业所在供应链的集成服务能力更强。企业可以实现物资高效利用，减少资源浪费，降低供应商库存压力，提高物流效率。

**4. 统一质量标准**

在集中采购模式下，企业更容易明确想要采购的物品或服务的质量标准，确保采购的物品或服务的质量具有一致性。

**5. 提升谈判议价能力**

集中采购可以形成规模效应，这有利于增加企业和供应商谈判的筹码，使企业的谈判议价能力得到提升。

**6. 提高采购风险管理能力**

集中采购可以在一定程度上减少采购风险，如供应中断、物品有质量问题、物品不合格等，有利于企业进行采购风险评估和采购过程管理。

采购部门可以成立专家验收小组，对采购物品进行集中验收，然后交付给各个部门。这样可以减少采购人员的验收工作量，节约人力与财力资源。同时，集中验收在一定程度上会使验收人员加大对物品质量的管控力度。

采购是一项复杂的工作，企业必须建立健全采购制度，遵循相关法律法规开展采购工作。集中采购有助于企业简化采购流程，控制采购成本。

### 8.2.3 协作采购：兼顾内部与外部协作

协作采购指的是企业内部各部门之间或者企业与外部组织之间通过信息共享和协作，共同完成采购工作。协作采购有利于企业优化采购流程，提升采购效率。企业在注重采购工作内部协作的同时，也应注重采购工作的外部协作。

**1. 内部协作**

内部协作采购要求采购人员和企业各部门进行充分、有效的合作。因此，企业要注重采购人员的培养和采购组织的建设。

在招聘采购人员时，企业不仅要关注其是否拥有采购经验，还应了解其对支出门类的理解。采购部门的组织架构应覆盖整个企业，并设立首席采购官，使采购部门能够和生产部门、财务部门、销售部门进行充分的协调与互动。此外，采购模式应从被动响应向主动协作转变，采购职能应从事务性工作向专业性工作转变，以提升内部协作的能力和水平。

**2. 外部协作**

在外部资源管理上，企业可以和供应商建立合作伙伴关系，并为供应商提供教育培训和信息反馈，提升供应商的供货质量。企业也可以参与供应商的产品设计流程，建立层次丰富的供应商网络，加强外部资源管理。

此外，企业应以技术为支撑，打造协作采购管理平台。该平台应具备以下功能。

（1）采购预测。企业可以向供应商传达自己所期望的服务水平和产品效果，供应商可以将其所能提供的服务反馈给企业。

（2）共享库存信息。企业及时将物料库存情况反馈给供应商，提高供应商对企业需求的可视性，从而提高供应商的交货效率。

（3）协作完成采购计划。企业可以将采购计划传达给供应商，供应商根据企业的采购计划合理安排生产。

（4）协同设计产品。在进行新产品研发时，企业可以将零部件需求及时传达给供应商，确保供应商能够在第一时间给自己供货。

为了实现协作采购，企业必须对供应商的特征进行充分分析和了解，从而更好地和供应商建立协作关系，畅通并优化协作采购流程。

## 8.3 SRM 系统的重要性

随着企业采购管理的不断升级和发展，SRM（Supplier Relationship Management，供应商关系管理）系统越来越受到企业的重视。SRM 系统在一定程度上缓解了 ERP 系统存在的供应商管理不足的问题，可以帮助企业优化采购战略，提高采购效率。

### 8.3.1 SRM 在供应链数字化中的定位

SRM 最初是一个倾向于商务合作与价格管理的系统，近年来从孤岛型管理平台向协同平台转变。其能够将结构化内容转化为量化内容，在供应链数字化中起到连接所有环节的作用。

过去的 SRM 系统主要关注价格机制、供应商的分级分类与生命周期管理。随着软件人员与实践者的大量协同与交互，其强大的报表功能、供应商质量协同功能、订单与交付协同功能以及支付协同功能越来越受用户的青睐。总的来说，现代 SRM 系统具有 3 个核心价值与定位，即价格中心、协同中心和供方中心，如图 8-3 所示。

价格中心　　　　　　　协同中心　　　　　　　供方中心
定价权　　　　　　　　订单权　　　　　　　　供应商管理权
为企业输出合规、合理　建立高效的内外部协同通道　为企业输出优质的供应商资源
(TCO最低)的价格

图 8-3　SRM 系统的核心价值与定位

ERP 系统通过使用主数据和定制化数据，输出执行命令与订购计划，整个过程由很多商务活动和结论组成。这需要组织者通过不同的活动和模板来管理，需要花费大量时间和精力。

同时，很多协同工作由不同的 BPM（Business Process Management，业务流程管理）工具完成，再通过 BI 工具从不同的数据库采集、挖掘数据，然后进行数据分析并呈现数据。跨系统的综合分析与计算使得数据很难被完整呈现，而 SRM 系统则使整个商务行为的非结构化过程转化为结构化过程，最终转化为量化的数据并被使用。

SRM 系统一般具有三大模块——寻源管理、供方管理、协同管理。在复杂的运营管理链条中，梳理 SRM 系统三大模块的功能对绘制企业运营链条和蓝图具有重要意义。我们需要了解 SRM 系统与其他系统在集成过程中的输入输出关系，如图 8-4 所示。

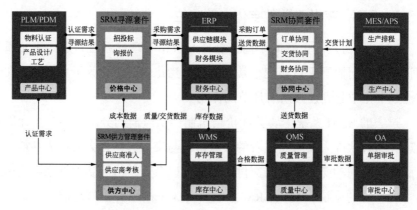

APS—高级计划与排程；OA—办公自动化；PDM—产品数据管理；QMS—质量管理体系

图 8-4　SRM 系统与其他系统的输入输出关系

如图 8-4 所示，SRM 系统贯穿企业运营链条，与 PLM、ERP、MES 等系统密不可分。而在这个关系链条中，信息是进行供应链管理的一个要素。

综上所述，在供应链管理阶段，SRM 系统与其他信息化、数字化工具之间分工协作、关系密切，在整个供应链管理过程中至关重要。

### 8.3.2 SRM 重要模块之一：寻源管理

SRM 系统拥有较为完善的采购流程管理体系，覆盖供应商寻源和选用的大部分工作。采购人员只需要在系统中按照物资类别、厂商品牌、供应商资源、规格型号等条件进行搜索，便可筛选出满足自身要求的供应商。

采购人员还可以根据公司设定的绩效评估标准对供应商进行更加详尽的评估，从而更精准地筛选合适的供应商。在使用 SRM 系统进行供应商寻源时，企业需要遵循以下步骤。

**1. 制订合理的采购计划**

在开展采购工作前，采购人员需要对采购的具体任务和目标进行规划，明确需要采购的物品种类、数量、质量、交付时间等具体要求。SRM 系统可以根据采购计划提供多种搜寻策略，确保采购人员能够高效地找到满足自身需求的供应商。

**2. 细分需求，科学分类**

在 SRM 系统中，采购人员可以将采购需求按照品类、品牌、型号、描述等因素分组，以便快速、高效地寻找供应商。同时，采购人员可以根据不同物品的特点对其进行科学分类（或聚类），以确定最佳寻源策略。

**3. 供应商数据管理**

SRM 系统不仅具有供应商寻源功能，还有很多支持性功能，如供应商绩效管理、供应商数据更新等。这些功能可以协助企业更好地管理供应商数据，确保供应商信息的准确性和完整性，从而提高采购质量。

**4. 绩效考核和协议管理**

SRM 系统能够对供应商的绩效进行全面、系统的管理，并将绩效考核结果作为下一次采购决策的参考依据；还可以管理供应商合约，保证采购过程的合规性,有助于企业和供应商建立长期合作关系。

**5. 供应商靶向与协商合同**

采购人员在SRM系统中锁定合适的供应商后,就可以推进任务分配、合同签署等流程,并就交付时间、质量、价格等与供应商协商,以确保采购工作顺利进行。

综上所述,SRM系统的寻源管理模块可以协助采购人员把控采购流程,评估、筛选供应商。基于该模块,采购人员能够提升工作效率,企业能够及时掌握关键供应商信息,确保采购全流程科学、合规,与优质供应商成为长期合作伙伴。

### 8.3.3 SRM重要模块之二:供方管理

SRM系统中的一个重要模块是"供方管理",其目的是构建供应商生命周期管理体系,降低供应风险并改善供应商和企业之间的关系。

SRM系统在供方管理模块中提供了供应商准入、生命周期管理、供货能力管理、年审和现场考察、供应商绩效评估和风险控制塔等功能。图8-5简述了SRM系统供方管理模块的主要任务及相关流程。

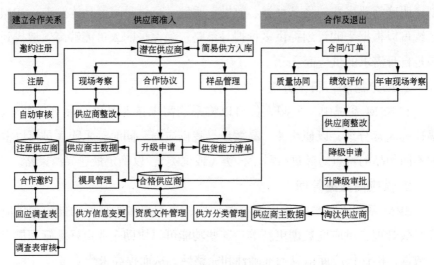

图8-5 SRM系统供方管理模块相关任务及流程

其中,供应商准入支持企业向供应商发出合作邀约、审核供应商,从合作伊始把控供应商质量。生命周期管理把控供应商从注册到退出的所有流程，对供应商进行分类，便于企业分配采购额度，将有限的资源集中在核心供应商上。

供应商供货能力管理主要根据样品基础审核、初始价格询问、小批量试用、供应商所在区域等要素生成供货能力清单。年审和现场考察支持企业对供应商资质进行定期审核，及时明确合作情况，现场考察结果会被录入 SRM 系统，从而形成清晰的供应商画像。

供应商绩效管理为企业提供成熟的考评模板，设置多级指标并灵活分配权重，确保考评进程可视、节点清晰。风险控制塔功能会跟踪供应商风险，整合舆情数据，结合不同业务规则与指标进行风险预警。

SRM 系统的供方管理模块通过强大的功能支持和数据赋能，为企业采购人员提供一个高效管理供方的平台，提高采购人员管理供应商的综合效率。

### 8.3.4　SRM 重要模块之三：协同管理

SRM 系统提供强大的多维度的协同管理功能，如订单协同、交货协同、验收协同、对账协同、发票协同、付款协同等。SRM 系统可以通过协同平台、供应商门户等功能，帮助企业和供应商实现实时沟通、协同合作，提高供应商和企业的协同效率，以及对企业需求的响应速度，加强供应商关系管理。

同时，SRM 系统会对采购数据进行整合分析，帮助采购人员梳理订单、合同、发票等文件，确保采购工作顺利推进，维持供应链稳定。在 SRM 系统协助下，采购人员能够随时查询订单进度，监控和评估供应商交货情况。采购人员还可以在 SRM 系统中快速创建合同，审批相关内容并进行批量管理，确保合同合法有效。

除此之外，SRM 系统能够协助采购人员迅速、准确地核对发票信息，并对其进行统一管理，有助于采购部门与财务部门顺利交接，简化企业财务管理工作流程。

在传统采购中，相关人员需要通过交互软件、电话、邮件等方式沟通，效率低下且信息同步不及时，很容易出现误解、信息遗漏、信息错配等现象。而 SRM 系统能够做到线上协同，相关人员可以随时通信、共享文件，避免因信息不对称而反复对接，从而降低沟通成本，提高采购效率。

SRM 系统内置大量的协同套件（图 8-6），极大地提高了团队的工作效率和数据信息的及时性，使得采购人员能够更加专注地解决棘手问题，而不是困于琐碎的事务性工作。不仅如此，协同套件使得过度依赖线下工具和 OA（Office Automation，办公自动化）系统的工作人员从烦琐的表格与报告制作工作中解放出来。

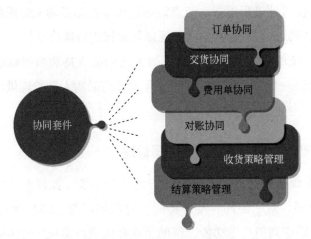

图 8-6 SRM 系统部分协同套件

下面重点讲解 SRM 系统交货协同功能。

### 1. 采购订单管理

SRM 系统能够整合订单信息并对其进行集中管理，包括订单的创建、修改、删除、审批和跟踪等。采购人员可以及时掌握订单的最新情况，确保订单内容准确、传递及时，避免订单出现错误、延误货物交付。

### 2. 交付计划管理

企业与供应商可以在 SRM 系统中共享交货计划，明确交付日期、数量和地点等关键信息。供应商能够以此为依据备货、排程、生产、交货，并在第一时间了解需求的动态变化，提前做好准备。

### 3. 运输和配送管理

SRM 系统能够对物流过程进行追踪和管理，确保货物运输、储存和配送全流程透明、可追溯。物流数据实时更新，企业与供应商可以随时监控运输进度，及时发现问题并调整物流运输计划，确保货物完整、准时交付。

### 4. 交付异常处理

针对货物损坏、错发、漏发、交付延迟等异常情况，SRM系统能够自动识别并触发警报。企业能够尽早与供应商取得联系，商议补救策略，及时采取相关措施，将损失降至最小。

### 5. 交货绩效评估

SRM系统会根据供应商交货是否准时、货物是否完整、货物质量是否符合标准等指标，对供应商交货绩效进行评估和排名。企业可根据评估结果进一步筛选供应商，并为供应商提供整改依据。

SRM系统的整体架构还包含分布在不同作业模块中的行动与数据采集工作，形成了具有可整合性的协同功能，如图8-7所展示的质量协同功能。

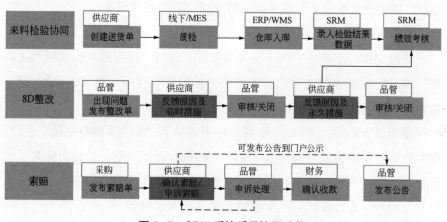

图8-7　SRM系统质量协同功能

质量协同功能使得采购人员和供应商质量管理人员能够通过丰富的数据对供应商的整改、淘汰做出动态决策，并对供应商的分级分类和生命周期进行高效管控，更好地规避运营风险。

综上所述，SRM系统协同管理模块聚焦企业与供应商之间的信息沟通，确保合作双方打破信息孤岛，第一时间掌握最新数据，提升沟通效率，促成圆满合作。

## 8.4　数字化采购经典案例汇总

在数字化采购方面,一些企业已经进行了积极探索,并取得了一些成就。下面以小米、海尔、用友三家企业为例,详细讲述企业应如何践行数字化采购,实现采购模式迭代升级。

### 8.4.1　小米:争做数字化采购先行者

作为企业运营中的关键一环,采购对企业发展至关重要,对于小米来说也不例外。自公司成立以来,小米发展迅速。随着互联网业务不断拓展、服务范围不断扩大,传统采购模式逐渐无法满足小米的业务发展需求,小米亟须采用更加灵活、高效的采购模式。基于此,小米采取了3个措施,以提升采购效率,使采购能够支撑自身的快速发展。

**1. 流程升级改造**

升级之前,小米的采购工作大多在线下进行,这导致采购流程无法留痕,难以实现流程的透明化。加上各个采购系统有相对独立的审批流程,导致整个采购流程难以形成闭环,引发了一定的采购风险。

基于以上问题,2020年12月,小米启动了"非生采购数字化"项目,成为数字化采购领域的先行者。非生采购也称间接采购,是指企业为了满足日常运营需要而非生产制造需要,而进行的采购活动,包括但不限于采购办公用品、人力资源、设备维护、IT系统和软件等。

项目启动后,小米以中国区采购系统作为立项范本,由点及面地扩大项目覆盖范围,加强物料类、服务类等方面的需求管理,实现招标、采购等全流程线上化,打造线上采购闭环。

**2. 提出选型5要素**

出于对"非生采购数字化"项目的前瞻性考虑,小米成立了专研项目组。项目组成员包括采购部门、市场部门、技术部门和业务部门的核心人员。同时,小米开展了深度的市场调研,以对市场上各个数字化采购供应商进行详细了解和对比。

在选型阶段，小米主要关注项目计划、项目团队、系统架构、产品逻辑、使用体验5个要素，而数字化供应商"支出宝"很好地满足了小米对这5个要素的要求。支出宝"轻咨询"模块化解决方案以及快速部署、快速迭代的数字化能力，能够满足小米快速响应市场变化、及时调整策略等敏捷性需求。

### 3. 解决三大采购核心问题

与支出宝合作后，小米立即实施数字化采购项目。小米业务繁杂，要想实现采购逻辑与产品的紧密结合，就需要解决需求管理、招采管理、供应商管理3个采购核心问题。

在需求管理方面，支出宝为小米在系统中设定了需求分配逻辑并打造了需求受理台这一功能。该功能可以根据采购品类和金额自动分配采购需求，并将其自动传输至采购人员的待办事项系统中，采购人员可以实时关注事项进展。

在招采管理方面，支出宝为小米在系统中增添了多项招采功能和预算金额管控功能，可保证招采的下单金额不超出定标金额。

在供应商管理方面，小米将供应仓库分为4类，分别是储备库、临时库、正式库、冻结库。在供应商准入管理上，小米为不同品类的供应商设置了不同的准入门槛，并分别设定了供应商的单笔交易上限和年度交易上限，从而更好地把控交易风险。

小米的数字化采购项目在对采购系统进行优化的同时，实现了数字化采购系统在采购业务方面更深层次的拓展，使小米采购数字化转型取得了显著成效。

## 8.4.2 海尔：打造互联网采购平台

为了顺应数字化时代的浪潮，抓住时代机遇，获得创新发展，海尔打造了卡奥斯COSMOPlat采购平台。

该平台是海尔在整合全球优质资源基础上，推出的具有中国自主知识产权、线上线下相结合的采购价值交互平台，能够实现零风险、精准、高效采购，致力于成为数字化时代专业采购服务的"领头羊"。

卡奥斯COSMOPlat采购平台具有3个特点，如图8-8所示。

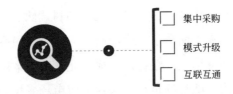

图 8-8　卡奥斯 COSMOPlat 采购平台的 3 个特点

**1. 集中采购**

在卡奥斯 COSMOPlat 采购平台上，中小企业的碎片化采购需求得以整合，小的采购订单变为大的采购订单，实现集中采购，帮助中小企业解决采购量小导致的采购成本高、供需不匹配等问题。

**2. 模式升级**

卡奥斯 COSMOPlat 采购平台使得传统采购模式下的零散采购转变为模块化采购，将设计采购方案、寻找供应商、比价等流程从串联转变为并联，真正实现了采购的精准高效。

**3. 互联互通**

卡奥斯 COSMOPlat 采购平台依托物联网、大数据等数字化技术，能够实现物品质量、订单等信息共享、互联、可视，省去了传统采购过程中的一些中间环节，显著提高了采购效率，优化了客户服务体验。

日照西奥国际贸易有限公司（以下简称"西奥"）是一家成立于 2013 年的建筑钢材代理公司。在公司发展过程中，其负责人发现供应链管理是阻碍企业发展的一大难题，具体表现为：下游客户订单较为零散；没有和企业实际情况适配的采购管理软件；订单量大，依赖线下表格统计、对账的工作量很大。

西奥的负责人了解到卡奥斯 COSMOPlat 采购平台针对钢材供应商提供集中采购和供应链金融服务，于是向海尔寻求帮助。经过沟通后，海尔通过卡奥斯 COSMOPlat 采购平台为西奥提供了采购全流程解决方案。

在卡奥斯 COSMOPlat 采购平台上，西奥和其他中小钢材代理商零散的需求得以整合，汇聚成大订单，供应链上的上游企业可以为它们提供专享采购优惠。借助卡奥斯 COSMOPlat 采购平台，西奥可以在线上进行订单的排产、仓储、发货、结算等采购全流程监控。采购数据都存储在平台上，只需一名采购人员就可以完成对账工作，而且不必担心提货会出现问题。

卡奥斯COSMOPlat采购平台不仅能为企业提供采购专家一对一服务的数字化采购解决方案,还能为企业提供智慧仓储、快捷结算解决方案,助力企业实现全方位数字化转型。

### 8.4.3 用友:通过采购云平台为企业赋能

友云采是用友推出的一个SaaS模式企业采购云平台,汇集了众多供应商与电商资源,实现了企业与供应商、电商平台的直接连接,打通了采购计划制订、采购执行、验货、入库、付尾款等环节。友云采致力于帮助各类企业提升供应链管理能力,实现采购业务管理优化和采购数字化转型。

友云采主要为企业提供三大核心服务,如图8-9所示。

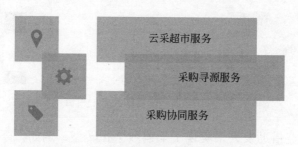

图8-9 友云采的三大核心服务

**1. 云采超市服务**

云采超市为企业提供了一个自助式采购平台,能够满足企业的两种物品采购需求:一种是办公用品采购需求;另一种是工业品采购需求。

云采超市中的办公用品超市支持企业构建内部商城,超市中包含800多万种精心挑选的商品,企业能获得便捷、智能化的采购服务体验。云采超市中的工业品超市上架了上千万种商品,其中大多是MRO类商品,能够满足企业的物资采购需求。

**2. 采购寻源服务**

友云采能够将企业的采购需求与平台上的商品智能匹配,还会根据企业的搜索记录、浏览记录,智能地向企业推荐相应的商品。各类企业都能在友云采平台上采购到自己所需的物资,并且采购报价公开透明。

### 3. 采购协同服务

从企业在内部 ERP 系统中制订采购方案，到与供应商签订采购合同，再到企业收货、开具发票，友云采实现了采购全流程协同，采购实时化、社交化、智能化程度进一步提升，采购效率更高。

友云采具有四大核心价值，如图 8-10 所示。

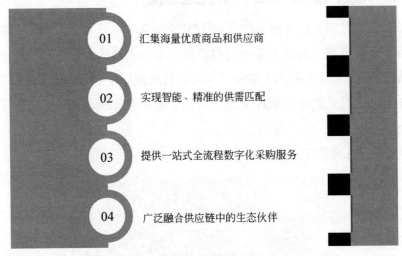

图 8-10　友云采的四大核心价值

很多企业借助友云采实现了采购数字化转型，例如，今麦郎与用友达成合作，使用友云采进行物资采购。今麦郎在友云采平台上采购的原材料、备件等物资的金额占企业整体采购金额的 80%，采购周期从原来的 30 天缩短至 15 天，采购过程高效协同。

友云采能够与企业内部的 ERP 系统对接，并且连接了十几家电商交易平台，如 1688。基于互联网微服务架构和大数据、机器学习等技术，友云采使得长流程采购决策与执行更加简单，实现了交易过程全流程在线化、数字化。

# 第 9 章 生产与制造数字化转型

生产制造是供应链上的一个重要环节,生产制造数字化转型对整个供应链数字化进程有着推动作用。企业应重视生产制造数字化转型,运用数字化、信息化工具实现智能制造,以激发供应链活力。

## 9.1 信息化工具的短板

近年来,供应链端到端的业务场景发生了变化。产业链布局的调整,国产化与内循环的加速,国内客户更加追求高韧性、高效率、高交付水平,使得过去以计划和预测为主的供应链运营模式受到了一定冲击。

在这样的大背景下,某电气装备制造企业遇到了一些问题:计划部门如何在复杂的供应环境中,在原材料交付日期与数量一变再变的情况下,及时完成齐套率的计算?如何将物料齐套情况清晰地反映到 ERP 系统中,并对应到制造任务工单上?销售、制造和整个交付团队的人员能否明确供应状况?

对于这些问题,该企业手中有限的信息化工具都派不上用场。究其原因,信息化工具在运算和作业逻辑方面存在局限性,很难满足复杂业务场景以及多线程工作、并联工作的要求。

### 9.1.1 一直尝试突破的 ERP

国内企业的发展与运营,包括集团化与本地化的分工、供应链的重新定位与分工,以及多元化经营策略,都需要信息化、数字化工具赋能与助力。这些工具可以帮助企业梳理、规划产品生产,缩短交付周期,提高运营效率。

但是,无论什么类型的企业,暂时都不太可能脱离 ERP 系统实现数字化。目前,ERP 系统仍是企业进阶的重要手段与工具。

20 世纪三四十年代,订货点法被引入制造业的采购管理中。20 世纪 60 年代,产生了 MRP(Material Requirement Planning,物资需求计划)存货管理方法。其将物料需求分为独立需求和相关需求,主要用于采购管理和库存控制。20 世纪 70 年代,出现了闭环 MRP。其在原有 MRP 的基础上将粗略的能力规划、能力需求规划、生产和采购整合起来,实现反馈与闭环管理。

企业内部供应链管理中的 MRP 系统是一个用于产品制造过程中管理生产计划、生产调度排序和库存控制的信息系统。作为一种管理工具,MRP 系统可以帮助企业解决一些问题,如客户需要什么物品、客户需要多少物品、客户什么时候需要等。

MRP 系统的基本功能是支持库存控制、处理物料清单、初步的生产调度及排序,并对生产制造、采购和运输进行管理和优化。通过 MRP 系统,企业能够降低运营成本和供应链管理成本,避免资金浪费。

20 世纪 90 年代初,ERP 系统出现。它在 MRP 2.0 的基础上采用了更先进的 IT 技术,如互联网技术、图形界面、关系数据库、开放系统、简化集成技术等。

20 世纪 90 年代中期,ERP 系统的交互能力得到提升,企业与客户、供应商之间的业务沟通更加顺畅。但不管是技术基础还是功能方面,ERP 系统都无法协调多个企业间的资源,仍旧局限于企业内部。其单任务处理、单线程工作模式和作业逻辑使得很多简单的人类智能可实现的决策与行动被复杂化,甚至无法实现。

如今,传统 MRP 系统的功能被 ERP 系统的功能覆盖。ERP 系统是当代供应链管理中一个重要的管理软件,进一步扩展了传统 MRP 系统的功能。在发展初期,ERP 系统侧重于企业基本数据的集中存储和可视化(在各部门之间的分享),以及使简单、重复性的录入和数据传输工作自动化。

随着科学技术的迭代更新,现代 ERP 系统可以整合企业和供应链中的资源,对采购、生产、库存、销售、运输、财务等环节进行全面优化,为企业运营提供多方面支持。

作为综合型企业信息系统,ERP 系统跳出了传统企业边界,可以结合其他供应链信息系统对整个供应链范围内的资源进行优化。其能够增强供应链的协同能力,帮助整个供应链实现效益最大化。

面向制造业的 ERP 系统的基本模块一般包括财务模块、客户管理模块、需求管理模块、生产管理模块、物料需求计划模块、采购模块、物流模块、仓储管理模块、项目管理模块、人力资源模块等。

但是，越来越多的企业发现，仅仅依靠优化生产过程，很难改进内部治理工作、提高可持续运营能力。而很多研究结果都表明，上下游广泛的业务与决策活动对核心企业的影响非常大。交付需求多变，迫使企业不得不将关注的焦点转移到与相关企业的协同以及外部物流、信息流的集成与优化上。

目前，各大 ERP 系统开发公司都在尝试开发高阶版本的系统，优化其计划与执行管理功能，涵盖更多的管理要素。ERP 系统是 MRP 系统的延伸，采用 C/S（Client/Server，客户机/服务器）结构、关系数据库、开放平台等计算机技术，能够提供行业解决方案，扩展需求治理、产品构型、电子数据交换、现场服务等功能。

### 9.1.2 MES 与 APS 的现状

ERP 系统的运算机制和治理模型沿用 MRP 2.0 的，仍然围绕独立需求、相关需求、无限产能下的 MPS（Master Production Schedule，主生产计划）和物料需求计划运作。这是基于朴素逻辑，按照产品 BOM（Bill of Material，物料清单）和工艺路线进行的逐级推演，在现代制造业复杂多变的业务场景下面临诸多挑战。

MRP 算法假定提前期是固定值，即在交付周期不足时，需要二次运算才能判断和输出结论，使供给侧根据复杂的需求进行相应的波动。另外一种计算逻辑是按照设定的交付日期倒排需求日期，这样会得到"要求供应商在过去交货"的结果。

此外，计划系统必须遵循固定的工艺路线，否则无法输出结论。时间序列是唯一依据，生产排程按照时间顺序进行，不必考虑其他因素。所有计划工作都要在无限产能的假设条件下进行。

人们一直在寻找克服 ERP 系统缺点的工具和手段，这给 MES 和 APS（Advanced Planning and Scheduling，高级计划与排程）技术提供了"大展身手"的舞台。

MES 是使用网络计算技术实现生产控制和过程自动化的系统。其通过下载工艺配方、工作排程以及上传生产结果，弥合了企业业务与工厂制造现场及过程控制系统之间的断点与脱节。其主要功能包括但不限于资源调配及进度追踪、生产计划管理、作业（详细）进度计划、数据汇集/采集、物料管理、绩效分析等。

各企业、行业的生产和流通过程不同，对 MES 的要求也存在差异。例如，电子信息制造业通常要求 MES 提供动态环境下的精确的产品流动记录；化工、纺织和食品等流程制造业要求 MES 提供详尽、连续的批量记录，以便进行配方管理，加速生产过程。

即便是同一个行业，不同企业的需求也不尽相同。而 MES 极具针对性，会对某个行业或某家企业的特定需求进行挖掘、开发与深度理解。

但是，在制造执行与计划协同方面，MES 在企业中的应用并非一帆风顺。一方面，不是所有的设备与工序都能实现自动化、即时采集；另一方面，对于复杂多变的产品，MES 实施成本巨大且落地缓慢。这使得 MES 系统完成计划与排程任务受到各种限制。

在部分行业中，需求计划、交付优先级、物料使用分配逻辑、生产主计划、多工厂运营、生产调度与交期重排逻辑之间存在复杂的矛盾，导致 MES 系统的应用遇到很多挑战。

APS 是专门针对计划排程而开发的软件，可以帮助企业管理生产计划与排程。作为供应链优化引擎，APS 基于规则及约束条件，自动生成可视化的详细计划，能够对各类资源做出同步、实时、具有约束能力和模拟能力的对比与考量。其约束条件包括生产工时、物料供应状况、工艺路线、加工顺序及其他自定义条件。

APS 原是 MES 中的一个功能，越来越多的限制使得 APS 不得不独立出来，与 ERP 系统直接连接。在多工厂协同和存在大量手工作业的场景下，APS 的应用更加灵活。

APS 的计算结构以内存为基础，这使得该软件可以持续进行计算并考虑所有被识别的约束。在动态运算过程中，APS 会同步检查各项约束，包括需求约束、原材料约束、生产能力约束、运输约束等，这样可以提升供应链计划的有效性和及时性，避免计划赶不上变化。

APS 根据不同企业与行业的需求管理、供应链计划方案和制造策略为其提供适配的解决方案。其主要关注成本、资源能力、工序逻辑、物料状况和优化规则等关键要素，计算最早和最迟开始、结束时间，制订物料、资源分配和计划替代方案。

APS 提供贯穿过去、现在和将来的需求计划，包括基于企业资源和约束理论的可行计划，基于订单任务的优先级计划，基于事件的最优资源利用率计划，以及基于运输资源优化的运输计划等。APS 由几个主要的功能模块组成，包括需求规划、生产计划与排程、配送与分销计划、运输计划等。

目前，一些大型软件公司已经成功地将 APS、MES、WMS、ERP 等软件和系统集成起来，不但解决了 ERP 系统存在的假设产能无限，根据需求日期倒推生产节点具有不确定性等问题，还能进行多个假设业务场景下的模拟。此外，这些先行者能够为企业提供针对多工厂、垂直供应链、平行供应链、混合供应链、复杂替代关系管理、集中采购计划等方面的运营方案，以及一体化的解决策略和手段，使数字化协同作业场景得到拓展。

## 9.2 数字化生产激发供应链活力

在人工智能、大数据、5G、机器人等数字化技术和先进制造技术融合的背景下，数字化生产蓬勃发展。数字化生产即企业运用技术手段收集数据、分析用户的真实需求，并据此对产品种类、产品功能、生产流程等进行调整、优化，以生产出满足用户需求、受用户欢迎的产品。数字化生产是生产制造的必然发展趋势，能够提升供应链柔性，激发供应链活力。

### 9.2.1 四层变革：应用层＋操作层＋技术层＋感知层

想要实现数字化生产，企业就需要在应用层、操作层、技术层、感知层 4 个层面进行变革。

**1. 应用层：自动化生产线**

自动化生产线以连续流水线为基础，工人不需要直接操作，所有设备都按照统一节奏运转。建立一条这样的自动化生产线，需要控制器、传感器、机器人、运输带等设备。例如，凯路仕曾购置了一批自动化焊接机器人代替工人，每天能帮助某单车企业生产上万辆自行车，在保证质量的同时加快了生产速度。

此外，在凯路仕的自动化生产线上，全自动运输带是标配。通过运输带，焊接完成的车架被传送到涂漆、贴标、组装等生产线上，不仅便于工人操作，还可以将垂直空间全部利用起来，增加自行车的产量。

**2. 操作层：智能机床实现生产数据自动化**

制造数字化需要实现两种自动化：一是生产线自动化，二是生产数据自动化。在制造数字化时代，企业通过收集、分析生产数据，使每台设备的实时状态和异常情况都可以被监控。另外，通过计算机系统或手机系统，生产过程中的一些重要事件可以立即传达给相关负责人，助其实现透明化、实时化管理。

在德国一家制造企业的工厂中，每个工件或者放置工件的盒子上都贴着无线射频识别电子标签（以下简称"电子标签"）。这个电子标签记录了生产数据和产品信息，相关负责人可以随时随地查看工件所处位置、产品加工时间等信息。

借助数字化手段，生产数据可以互联互通，实体世界与虚拟世界可以融合在一起。对于制造业来说，这非常有意义：一方面，有助于生产制造走向智能化、集约化、柔性化；另一方面，能够提升制造企业的效益，推动行业发展。

**3. 技术层：云计算、物联网、大数据等技术助力生产**

几乎每个工厂都需要配备大量的服务器，这些服务器成本高、算力低。借助云计算技术，工厂的生产数据上云，技术人员可以在世界各地远程调用服务器，不仅更省时、省力，成本也大幅降低。

如果把云计算比喻为大脑，那么物联网就相当于中枢神经，可以将一切连接在一起。物联网领域的技术，如传感器、无线射频识别、嵌入式系统等，不仅可以实现对生产流程的自动定位、追踪、监控，还有助于企业打造数字化车间和智能工厂。工厂中自动化设备的应用主要得益于物联网，物联网可以对设备进行预测性维护，使不间断生产成为可能。

如今，大数据技术在生产制造中已经得到应用。通过使用大数据技术，企业可以收集用户数据，分析用户喜好和需求，然后进行精准的产品设计和生产，使产品更受用户欢迎。

### 4. 感知层：机器视觉收集生产数据

机器视觉技术与生产数字化密切相关，能够提高生产效率和质量。机器视觉会通过相关设备对人类的眼睛进行模拟，从各种各样的图像中提取信息加以分析和理解，可用于产品检测、质量控制等领域。

机器视觉可以接收大量信息，搭载了此项技术的设备相当于拥有了一双"3D眼睛"。借助蓝光投影扫描成像技术，这双"3D眼睛"每秒钟可以拍摄几十张图片，而且像素非常高。通过拍摄的图片，机器视觉可以给零件建立坐标，然后分辨出哪个零件在上面、哪个零件在下面，极大地提升了生产效率。

如今，各项新技术的应用成本降低，催生了新的算法、硬件设备等，为应用层、操作层、技术层、感知层的变革奠定了基础。这四个层面的变革会推动企业数字化转型进程，整个供应链的敏捷性也会有所提升。

## 9.2.2 规模化敏捷开发成为企业的核心任务

近几年，敏捷开发已经得到广泛应用，帮助很多企业开发出更好的产品。越来越多的企业尝试进行规模化敏捷开发，以最大限度地挖掘敏捷开发的价值。敏捷开发主要分为3个环节，如图9-1所示。

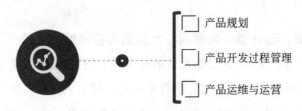

图9-1 敏捷开发流程

### 1. 产品规划

产品规划环节分为宏观的战略规划和拆分后的季度滚动价值规划。在宏观上，企业首先要明确产品需要达成的战略目标是什么，计划推出怎样的产品组合，走怎样的产品路线，以及如何调动手中的资源进行战略布局等问题。

而落实到每个阶段的实际操作中，企业需要针对产品进行具体规划，构建完善的技术平台，制订公开、透明的协同计划，确保团队之间配合默契。在产品发布之前，企业还要制订发布计划，确保新产品上市万无一失。

**2. 产品开发过程管理**

在产品开发过程中，企业要明确用户需求优先级，规划需求专题清单、个性需求清单以及迭代需求清单。

（1）需求专题清单。该清单主要包含用户对产品的功能性需求、可靠性需求和使用性需求。功能性需求要求产品具备基础功能和高级功能；可靠性需求要求产品性能稳定，并具备容错机制；使用性需求要求产品设计美观，具备及时反馈机制，并允许用户误操作。

（2）个性需求清单。该清单主要包含用户对产品的超前需求、特殊业务需求和自定义需求。超前需求只是极少数用户的需求，往往与主流用户的需求有冲突。对于一些细分业务，个别用户会有特殊业务需求，而企业则需根据用户价值，判断是否将其提出的特殊业务需求纳入个性需求清单。自定义需求是较为常见的个性需求，例如，用户希望企业在产品中加入自己的专属标识，以彰显个性。

（3）迭代需求清单。该清单的内容由产品部门、技术部门讨论后确定，不同产品的迭代周期不同，该清单的内容也有一定差异。在推出第一版产品或者产品只迭代了两三个版本时，企业就要规划好迭代需求清单。对于较为复杂的迭代需求，企业各部门应当予以重视，尽可能提前完成产品迭代。迭代需求清单模板如表9-1所示。

表9-1 迭代需求清单模板

| 需求迭代版本： | | | | | 发布日期： | |
|---|---|---|---|---|---|---|
| 序号 | 需求类型 | 需求标题及简介 | 需求优先级 | 需求状态 | 需求人 | 备注 |
|  |  |  |  |  |  |  |
|  |  |  |  |  |  |  |
|  |  |  |  |  |  |  |

明确各类需求清单的内容后，企业就可以进行产品的敏捷开发与迭代。从用户需求出发，在产品验收并发布之后，市场推广部门需要及时收

集用户使用数据，并将其反馈给技术部门。技术部门需要对用户数据进行系统性分析，以提炼用户需求，优化产品的迭代需求清单。

根据迭代需求清单，技术部门可以修复产品故障，提升产品性能，并根据用户的创意需求增加产品功能。产品迭代完成后，由产品经理进行测试，以检验产品的稳定性。测试通过后，企业就可以发布新版本的产品。

### 3. 产品运维与运营

产品上线之后，企业需要对其进行运维和运营。产品运维主要包括任务管理、灰度发布、运维监控、事件处理等。

（1）任务管理。产品运维工作由产品经理总领全局。产品经理需要对运维任务进行细分，确定任务的内容、目标以及周期，进而合理分配人力资源，确保运维任务顺利完成。

（2）灰度发布。这是一种产品发布策略，即企业面向部分用户发布新版本的产品，并收集用户使用数据。通过分析用户使用数据，企业能够明确产品改进方向，然后面向所有用户发布最终迭代完成的产品。

（3）运维监控。产品经理需要安排产品监控人员24小时值班，以对产品进行不间断的实时监控。产品监控人员需要按时汇报产品状态，确保其稳定、安全运行。一旦发现产品出现问题，值班员工应第一时间联系技术人员，以及时修复故障。

（4）事件处理。对于运维监控中发现的产品问题，技术人员要进行处理。首先，值班员工反馈产品问题后，技术人员需要及时响应，确认故障真实发生并判断其影响程度。其次，技术人员要进行应急修复作业。最后，技术人员要快速排查，确定故障原因，并据此优化产品。

在产品运营方面，企业需要从产品、用户、内容和数据四个方面入手，推动产品不断迭代优化。

（1）产品运营。运营人员需要对产品的功能、优势、市场需求进行整体规划，结合用户需求进行产品设计、测试与发布。通过分析用户使用数据，运营人员可以不断优化产品性能，提升用户体验和产品商业价值。

（2）用户运营。运营人员需要以用户为中心，通过电话、微信、邮件等形式，与用户长期保持联系，及时了解用户的产品使用情况，收集用户反馈，及时解决问题，满足用户诉求。此外，运营人员需要定期策划活动,提升用户对企业的好感与忠诚度。

(3)内容运营。运营人员需要通过优质的产品内容吸引用户,增强用户黏性。运营人员需要对产品内容的主旨、形式进行规划,揣摩用户心理,以促使用户与企业共情为目的,创作出优质的产品内容。这不仅要求运营人员具备良好的创作能力,还要求其熟知当下营销手段,通过社交媒体提高产品内容的传播广度,激活潜在用户。

(4)数据运营。运营人员需要以数据为导向,使产品运营具象化、可视化。运营人员需要定义产品的"北极星指标",即产品的阶段性关键指标,如产品社交媒体账号的订阅人数、点赞数、互动数等。根据不同的数据指标,运营人员能够开展更具针对性的运营工作,优化产品数据。

规模化敏捷开发具有复杂性,会导致企业效益降低,因此需要在管理方面保持一致性。这就需要多个团队在进度、范围、目标等多方面保持步调统一,而且要在每个季度都进行规划,明确产品目标及需求优先级。在季度末,各团队要公开当前流程和成果,并制订下一季度的计划。

### 9.2.3 供应链数字化下的生产路径升级

想要实现供应链数字化转型,企业就要以用户为中心,在提升生产效率的同时精准把握用户心理,升级产品的生产路径。

在进行供应链数字化转型之前,大多数企业遵循"产品→用户"的生产路径,即企业先将产品制造出来,再在合适的市场中寻找目标用户。

然而,数字化时代的用户需求越来越趋于个性化、定制化,企业需要主动转变生产路径,从"产品→用户"转变为"用户→产品",即企业先通过调研了解用户需求,再根据用户需求制造相关产品。

以小熊榨汁杯为例。小熊电器先通过调查了解到市场上的主流消费群体——年轻人更喜欢方便小巧的家电,同时更加注重产品的颜值,于是将"随时随地鲜榨果汁""分享每一个鲜榨时刻"作为榨汁杯的宣传语,多维度、多场景从用户角度出发,生产迎合其喜好的产品,从而提高企业知名度和产品销量。

喜临门也遵循"用户→产品"的生产路径。喜临门发现很多用户都有睡眠不好的问题,因此一直以"致力于人类的健康睡眠"为使命生产能够提高用户睡眠质量的床垫。截至 2023 年 11 月，喜临门已经拥有 1000 多项全球技术专利。例如，喜临门的抗菌除螨床垫、椰棕弹簧床垫等都是针对不同人群的需求研发出来的产品，充分考虑到不同用户的不同需求，以优质、定制化的产品给用户带来更好的睡眠体验。

作为供应链数字化转型的代表企业，盒马鲜生以生鲜产品为主要卖点。它抓住现在大多数年轻人不喜欢做饭的特点，向用户提供便于烹饪的生鲜食品，吸引了很多年轻用户。

盒马还使用了自动化物流设备，并运用"仓店一体"的核心逻辑，使每一家盒马实体门店既是一家门店又是一个仓库。例如，盒马每个线下门店的上方都有一个全自动悬挂链物流系统，能够快速拣选用户在线上选购的商品。同时，盒马门店还配备了一个传送系统，将分拣好的商品传送到集中的分拣台上，机器匹配好物品所属人后统一配送。

综上所述，企业既要转变生产路径，以解决用户痛点为核心优化生产模式，又要提升产品研发水平，进一步激发供应链活力，增强自身竞争力。

## 9.3 智能制造是大势所趋

随着工业数字化、信息化进程加快，传统制造模式弊端凸显，无法满足企业在数字化时代新的生产需求，智能制造应运而生。智能制造能够用智能技术解决制造过程中存在的问题，实现智能决策与执行。企业可以通过建设工程体系、建立高响应力组织、打造智能工厂、打造智造单元等方式实现智能制造。

### 9.3.1 建设迎合数字化趋势的工程体系

在数字化趋势下，企业应紧抓机遇，积极进行生产制造数字化转型，顺应智能制造时代潮流，以抢占市场先机。

但生产制造数字化转型是一个长期过程，不可能一蹴而就。只有建设一个完善、强大的工程体系，企业才有可能成功转型。一个完善的工程体系应包含五大部分内容，如图 9-2 所示。

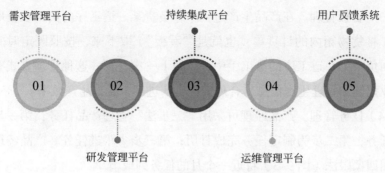

图9-2　工程体系应包含的内容

### 1. 需求管理平台

企业要利用需求管理平台沉淀用户数据，分析用户原始需求，对其进行有效性评估和优先级评估。

（1）有效性评估。该项评估要求企业从用户的原始需求中提炼有效需求。有效性评估分为两个部分：一是从用户角度出发，分析产品的收益成本比；二是提出多个有效需求的解决方案，权衡方案价值，优中选优。

（2）优先级评估。该项评估是对用户需求按主次顺序进行排列，影响需求排列顺序的因素有成本与收益两个。在成本方面，企业需要考虑产品开发成本和采购成本；在收益方面，企业需考虑需求带来的收益、需求对应的用户数量、功能使用频率和竞品情况。

### 2. 研发管理平台

企业要构建功能完善的研发管理平台，做好产品迭代优化工作。研发管理平台应具备特性管理、用户故事、看板管理、任务管理、测试管理、缺陷管理等功能。

（1）特性管理。企业需要关注KPC（Key Product Characteristics，关键产品特性）和KCC（Key Control Characteristics，关键控制特性）两大特性。KPC是指尺寸、型号、材料等产品本身的特性，KCC是指温度、浓度、气压等生产过程中重点工序的设备参数。

（2）用户故事。企业需要从用户视角出发，描述用户需求。用户故事书写应遵循3C原则，即Card(卡片)、Conversation(交流)、Confirmation(确认)。具体来说，就是业务人员和开发人员将用户需求写在纸上，通过面对面沟通细化用户需求，双方确认无误后再录入平台系统。

（3）看板管理。在产品生产过程中，负责某一道工序的员工在获取货物后，将货物箱内的订货单（也就是"看板"）取下来，按照既定时间将其送回负责上一道工序的员工手中，以便下一次订货。这种管理方式有助于企业控制和管理生产信息，合理安排生产进度，提高生产效率。

（4）任务管理。产品经理可采用"三步法"管理产品任务：第一步为拆分任务；第二步为制定任务完成日历；第三步为跟进任务。产品经理可以采用四象限法（图9-3）将近一个月的任务列成清单。

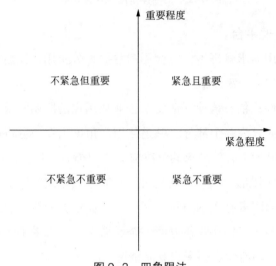

图9-3 四象限法

产品经理需要最先处理"紧急且重要"的任务，优先处理"紧急不重要"任务，二者完成后再处理"不紧急但重要"和"不紧急不重要"的任务。四象限法能够确保完成任务具备一定的时序性，有助于产品经理顺利开展工作。

（5）测试管理。产品经理需要指定产品测试负责人，并对其进行业务培训。在此基础上，负责人需要制订测试计划，确定参与测试工作的员工、需要的设备以及支持部门。

在正式测试过程中，产品测试负责人需要进行全流程追踪和记录。测试结束后，负责人要将出现的故障及时反馈给技术部门，便于后续优化工作的开展。

（6）缺陷管理。基于产品测试中发现的产品缺陷，企业需要制定合理的缺陷处理流程，对产品缺陷进行优先级评估，有条不紊地开展缺陷处理工作。

### 3. 持续集成平台

在持续集成平台上，依托于多种先进的数字化、自动化技术，企业会不断更新自己的产品生产线，确保产品迭代能够高效完成。

该平台将产品研发过程以流水线形式展现出来，在流水线上进行产品的编译、测试、部署等工作。此外，该平台设置质量门禁，通过代码扫描、安全扫描功能判定产品是否进入流水线或出厂发布，严格把控产品质量。

### 4. 运维管理平台

在运维管理平台上，企业可以打造提单、自助服务、态势感知、预案中心等门户平台。提单平台负责产品运维业务，用户可以快速描述产品问题，生成运维工单，便于技术部门获取全部用户问题，及时进行处理。

自助服务平台是一个具备帮助用户完成账户注册、产品使用、故障报修、意见反馈等多项功能的综合性平台。

态势感知平台以风险管理为核心，协助产品安全团队分析产品面临的危机，为产品风险管控提供可靠依据。

预案中心平台负责评估产品运维过程中所使用的各项监控、系统指标的临界点，制订及时响应突发状况的应急预案，并根据产品日常故障情况不断优化应急预案。

### 5. 用户反馈系统

企业需要利用好用户反馈系统，将用户新的需求以及反馈的问题收集起来，汇总到产品研发管理平台，为产品迭代优化提供依据。此外，产品售出后，企业需要持续追踪用户使用情况，确保产品质量和用户操作正确，必要时可以为用户提供一定的技术支持和辅导。当用户反馈产品出现问题时，企业一定要与用户保持联系，并在第一时间派出技术人员检查维修。

数字化时代，一家能够将数字技术与工程体系有效整合的企业，拥有更大的竞争优势。企业需要做好用户数据沉淀，改进原有生产体系，建设集成化、智能化工程体系，为用户提供更优质、更个性化的产品和服务。

### 9.3.2 高效协作,建立高响应力组织

智能制造不仅对企业的核心技术提出更高要求,还考验企业的管理水平。企业需要及时优化组织结构,确保组织效能得到充分发挥。在数字化转型趋势下,未来的组织形态没有定性,但一定具备一致、自主的特征。组织和个体需要在一致性和自主性中找到平衡。这两种属性虽然高度相关,却属于两个不同的维度。

(1)低一致性、低自主性:管理者下指令,团队执行。

(2)高一致性、低自主性:管理者告诉团队要做什么,以及怎么做。

(3)低一致性、高自主性:团队各行其是,管理者没有实权。

(4)高一致性、高自主性:管理者提出需要解决的问题,团队寻找解决方案。

企业中所有员工为了一致的目标完成具有创造性的任务,这就是未来的组织形态。因此,企业需要培养具有高度灵活性及响应能力的组织。

企业可以利用价值驱动决策提升组织的响应能力。价值驱动决策的本质是通过产品及业务价值确定企业接下来的发展方向。

价值驱动决策致力于实现投资、管理价值最大化,为企业的战略目标匹配契合的执行方针,显著增强企业的市场响应能力。

企业可以通过以下步骤实现价值驱动决策。

第一步,规划发展战略。

企业中所有的业务部门应就业务管理机制达成共识,并从组织架构层面出发,对企业的商业愿景、发展目标、行动方案等做出规划。这需要企业以用户为中心,及时根据市场运营的价值反馈对发展战略进行调整。

第二步,建立可视化的待办事项列表。

在制定发展战略后,企业需要将其中的每个愿景、目标进行可视化处理,并对每项行动方案进行深度分析,建立可视化的待办事项列表。

第三步,建立评审与决策机制,对待办事项列表进行审核与调整。

评审与决策机制需要由项目负责人、业务人员、市场运营等领域的技术专家共同决定。同时,他们还需要对项目的用户反馈、运营数据等资料进行整理,并对是否调整项目战略、各个决策专题的优先级等问题进行深

度推演。这种会议每月召开一次为宜。

第四步，选用最佳的项目实施方案。

通常情况下，策划团队会提出多个项目实施方案。相关人员应根据评审结果对这些方案进行拆解，将优先级最高的专题规划到即刻实施的版本中，形成几个不断迭代升级的滚动式方案，并将最佳实施方案交付给研发团队，以开展后续的研发工作。

价值驱动决策是培养高响应力组织的一种有效方式。基于此，企业可以根据自身商业愿景制定适宜的项目策略，根据市场反馈持续对项目策略进行调整。

### 9.3.3 打造现代感与科技感兼具的智能工厂

智能制造时代，企业需要与时俱进，以现代感和科技感为核心，打造安全、高效的智能工厂。下面详细介绍一个具有代表性的智能工厂——犀牛工厂。

2020年9月，犀牛工厂的神秘面纱终于被揭开。犀牛工厂是阿里巴巴以服装制造行业为切入点打造的新型智造工厂，是阿里巴巴"五新"战略的重要组成部分。

犀牛工厂董事长在致辞中表示："犀牛智造平台希望把数字洞察应用在制造环节中，实现真正的产销一体化，帮助中小商家解决生产供应链中的一系列痛点。我们希望真正可以实现数据驱动，将消费者洞察、行业洞察与生产环节紧密相连，实现更'聪明'的生产排期、弹性生产。"

中小型企业在关注用户反馈的同时，还要关注自身的供应链情况，尤其是服装行业的中小型企业。因为服装行业虽拥有万亿元级市场规模，但容易受到时尚潮流和季节影响，供需关系常年处于不平衡状态。

大企业现金流充裕，制造能力和抵御风险能力较强，可以更好地消化滞销产品。而中小型企业通常需要依靠新颖的设计和较快的反应速度吸引用户，但由于订单量较小，很难获得制造商的优先排期，它们面对的竞争压力更大。

犀牛工厂创造了数字印花技术，即将印花的参数利用投影技术进行定位，极大地提升了印花效率。这项技术帮助犀牛工厂将行业平均水平的订货流程由"1000件起订，15天交付"改造为"100件起订，7天交付"，帮助中小型企业解决了供应链问题。其CEO表示，犀牛工厂致力于帮助中小型企业从繁重的生产制造中解放出来，帮助它们增强竞争优势，使它们可以专注于业务创新。

综上所述，企业需要顺应智能制造的时代趋势，升级产品制造工厂，建设兼具现代感和科技感的智能工厂，在满足用户需求和降低生产成本之间寻求平衡。

### 9.3.4 智造单元必不可少

智能制造的大趋势不可逆转，企业可以通过打造智造工厂加快智能制造进程。智造工厂是一个复杂的系统，打造智造工厂需要从整体进行考虑。

落实到具体的生产线上，则需要从构建智造单元做起。智造单元是一种模块化的工厂转型升级实践，是智能生态的最小单元，是推动智造工厂落地的有力抓手。

智造单元能够充分组合工厂现有的资源和设备，在智能环境下使已有设备的功能和效率最大化。智造单元从工业生产的基本生产车间出发，将一组功能近似的设备进行整合，再通过软件连接形成多功能模块的集成，最后与企业的管理系统连接。

智造单元从生产现场基本要素出发，实现硬件、软件设备一体化，为工业生产提供多种解决方案。智造单元可以用"一个现场，三个轴向"来描述，其中的三个轴向分别为资源轴向、管理轴向、执行轴向。

**1. 资源轴向**

资源轴向的资源是抽象意义上的资源，可以是任何对象，包括员工、设备、工艺流程等，也包括精神层面的企业文化、企业开展的各种活动等。

值得注意的是，员工是企业宝贵的资源。虽然许多生产线都实现了机器取代人工，但在产品生产过程中，员工对机器的控制、决策等起着决定性作用。因此，实现员工资源优化配置，加大对员工操控智能设备能力的培训力度，是企业提升智造能力的关键之一。

**2. 管理轴向**

管理轴向指的是生产过程中的要素管控和运行维护过程，包括对产品质量、成本、性能、交付等的管理、把控。

**3. 执行轴向**

执行轴向是 PDCA 循环的体现，包括计划（Plan）、执行（Do）、检查（Check）和行动（Action）。

智造单元实际上是小规模的数字化工厂，可以实现多品种、小批量（单件）的产品生产。更重要的是，智造单元能够最大限度保护工厂的现有投资，工厂中已有的设备都可以重复使用。这样工厂的成本得到控制，有助于实现数字化生产。

例如，美的集团以数字化工厂建设为基础打造智造单元，进一步推动产业互联。具体来说，美的集团全方位梳理交付链条，通过对采购、生产、物流等多个环节进行协同设计，实现了从"以产定销"到"以销定产"的转型。

美的集团还成立了美云智数科技有限公司（以下简称"美云智数"），以其为载体助力制造企业打造灯塔工厂。美云智数能够提炼制造企业的生产痛点，据此推出科学的数字化解决方案，使制造企业的生产周期进一步缩短，订单满足率大幅提升，帮助制造企业实现降本增效。

## 9.4　数字化如何为生产制造赋能

数字化与制造业融合发展，可以为生产制造赋能，推动制造业实现转型升级。数字化可以提升产品与服务质量，改变生产方式，平衡供应与需求之间的关系。在数字化生产方式下，机器代替工人成为生产主力，生产效率大幅提高。

### 9.4.1　优质的产品与服务提升制造价值

企业进行生产制造的目的是为用户提供优质产品和服务，以满足用户需求，获得经济效益和良好口碑。智能制造时代，企业更要保障产品与服务质量，实现全方位的生产制造转型升级。

智能制造有两个核心：一是生产的价值是什么；二是如何找到生产的价值。这两个核心可以归结为价值驱动。制造企业要想实现价值驱动、提升制造价值，需要从好产品、优服务着手。

### 1. 好产品

好产品离不开好设计，好设计离不开大数据。如今，用户的个性化需求越来越强烈，一个小细节或许就会使产品脱颖而出。德国制造企业雄克采用SAP（System App-Lication and Products，思爱普）智能产品设计方案，以促进数字化创新在实际工程场景中实现。SAP智能产品设计方案将"数字化双胞胎"理念通过虚拟镜像展现出来，设计人员根据数据就可以提供产品的360°全息视图，从而让用户深入了解产品细节。

借助SAP智能产品设计方案，设计人员可以通过仪表板直接访问产品相关信息，如产品结构、三维模型，也可以追踪现场设备的性能，将数据整合在一起，对产品设计的马力与用户实际消耗的马力进行对比，发现不同之处，推动工程调整。

另外，雄克可以通过SAP智能产品设计方案快速启动新产品设计研发工作，尽快满足市场需求。通过协同功能，雄克可以为各部门之间的密切合作提供强大的虚拟平台。SAP智能产品设计方案的核心是一整套SaaS软件，能够为雄克提供多种设计方案。

智能化时代的产品设计有三大要素：一是多元化的实时协同，可以保证相关数据的一致性；二是需求驱动产品设计，可以增强用户需求与产品的关联；三是实时的产品智能分析，可以帮助设计人员和用户全面把控产品质量。

### 2. 优服务

优服务的目的是让用户拥有极致的体验。例如，知名珠宝企业周大福曾推出一项首饰试戴服务，消费者可以通过点击AR、VR（Virtual Reality，虚拟现实）设备的屏幕，选择自己喜欢的首饰进行虚拟试戴，也可以通过智能手机在移动端进行体验。这种具有时代感和科技感的服务，更加符合当今消费者的需求。

除了周大福外，还有一些企业尝试将AR、VR和实体店结合起来，将实体店升级为数字双子店，提供虚拟娱乐体验，吸引更多消费者。消费者在数字双子店中浏览产品，AR、VR设备会实时更新产品的上下架信息，并且根据消费者浏览产品的数据重新排列产品位置,提升消费体验。

之前,企业的销售路径是:脱颖而出吸引消费者关注——明确自身优势以及与竞争对手之间的差异——促使消费者购买。AR、VR 不但简化了这一销售路径,还为消费者提供了更加便捷、更加真实的消费体验,充分激发消费者的购买欲望。

综上所述,智能制造实现价值驱动的关键在于产品和服务。产品好,才能引起消费者的关注;服务优,才能吸引消费者复购,企业才拥有更大的生产动力。

### 9.4.2 惊喜,机器也可以成为"工人"

智能制造的实现,离不开大量技术的支撑。智能制造时代,技术成为一项重要的生产要素,在一定程度上决定着企业的数字化、智能化程度。在制造领域,机器人技术起到十分重要的作用。在一些工厂中,机器人代替工人完成一些重复、危险的操作,显著提高了生产效率和生产质量。

例如,秦皇岛有一家占地面积约 500 平方米,非常干净整洁的水饺工厂。在这家水饺工厂中,看不到一个工人,取而代之的是各种各样、可以全天候不间断工作的机器。

无论是和面、放馅,还是捏水饺,都由机器完成,形成了一条完整的全机器化生产线。这家水饺工厂有以下几种类型的机器,如图 9-4 所示。

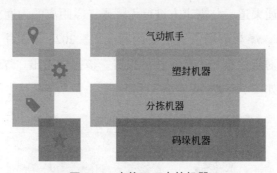

图 9-4 水饺工厂中的机器

这些机器分别负责不同的工作。其中,气动抓手主要负责抓取已经包好的饺子,并将其放到准确的位置上;塑封机器主要负责给速冻过的饺子塑封;分拣机器则需要给已经塑封好的饺子分类(由于分拣机器上有一个带吸盘的抓手，因此不会对饺子和包装造成任何损坏）；码垛机器可以将装订成箱的饺子整齐地码放在一起。

引进机器后，水饺工厂的工人数量大幅减少，而且大多数工人在控制室或试验室工作，但工作效率没有下降。

水饺工厂用机器代替工人，不仅节省了人力成本，还把工人从重复、繁重的劳动中解放出来。水饺工厂实现了智能化、自动化生产，优势凸显，竞争力更强。

### 9.4.3 平衡供应与需求之间的关系

经济市场中存在一种很常见的现象——供需不平衡。供需不平衡是社会生产与社会需求之间的矛盾在商品流通过程中的具体体现，主要有三种表现形式：一是商品供应和需求的总额不对等；二是商品供应和需求在时间和空间上存在矛盾；三是商品供应和需求的结构不合理。

一般情况下，造成供需不平衡的原因主要有两个：一是信息不对称，二是能力不满足。受主观因素的影响，信息不对称不可能被完全消除，但供应方可以通过数字化手段缩小客观因素（如地理限制）与主观因素之间的差距，从而更加直接、低成本、高精准地和需求方交互。

能力不满足是指面对需求的变化，由于受既成布局、行为习惯等因素影响，供应方无法动态调整供应方案。对此，供应方可以优化服务体验，建立顺畅的沟通渠道，与需求方进行无障碍、零距离的沟通交流。

长期以来，煤炭市场供需矛盾问题突出。2023年3月，中国煤炭工业协会发布了对煤炭市场走势预测的报告。该报告指出，煤炭供需矛盾呈现3个特点，如图9-5所示。

图9-5 煤炭供需矛盾的三大特点

**1. 区域性**

当前，陕西、山西、内蒙古三省是我国煤炭供应主要来源地。报告中分析了我国各地区煤炭实际剩余可开采量、产能分布情况以及制约煤炭开采的因素，并且预计在2030年之前，我国煤炭主要供应地仍为陕西、山西、内蒙古三省。

在新疆大型煤炭基地建成并投入使用后，预计2025年之后，新疆将成为我国第四大煤炭供应地。煤炭供应地少，且都分布在西北地区，导致我国煤炭供需区域性矛盾突出，且这一矛盾将长期存在。

**2. 时段性**

从季节上看，冬季和夏季是煤炭消耗高峰期，由此造成煤炭时段性供应紧张。此外，冬季和夏季容易出现极端天气，对煤炭的需求量较大。

**3. 品种性**

按照我国煤炭品种分类，炼焦煤炭类占比27.56%，非炼焦煤炭类占比72.35%。从煤炭资源储量来看，品质较好的炼焦煤炭和无烟煤炭的资源储量相对较少。总的来说，不同品种和品质的煤炭在供需方面存在很大差异，品质较好的煤炭和一些较为稀缺的煤炭长期处于供不应求状态。

数字化手段可以有效解决以上三个矛盾。例如，煤炭运销一体化平台可以将煤炭资源供应方和需求方连接起来，保障煤炭供应链稳定，使煤炭能够在能源供给体系中发挥基础保障作用；可以对煤炭市场供需结构进行分析，对煤炭物流运输体系进行集中规划，推动煤炭市场绿色、均衡、高效发展。具体来说，煤炭运销一体化平台可以在以下3个方面发挥作用。

**1. 实现煤炭品种供需平衡**

在煤炭销售过程中，需求方的需求多种多样、煤炭品种少、煤炭质量差等因素导致出现煤炭品种供需不平衡的矛盾。想要解决这一矛盾，供应方就要及时了解市场变化情况，灵活调整生产供应。

煤炭运销一体化平台可以打破时间、空间限制，拉近供应方和需求方之间的距离。它可以将上游煤炭供应方、下游煤炭需求方和物流运输企业集中到一个平台上，让供需信息无障碍流动，实现信息共享、业务协同，在一定程度上消除了煤炭供需信息偏差。

**2. 打通物流运输衔接环节**

当前，煤炭物流运输存在物流资源分散问题，导致煤炭物流运输成本较高、效率低下。

煤炭运销一体化平台可以整合各种运输方式和物流资源，实现煤炭物流运输各环节顺畅衔接。该平台可以满足煤炭短途运输需求，为上游供应方提供"一票到底"的一站式服务。此外，它还可以构建一个紧密协作的网络，实现不同运输方式、不同地区、不同主体之间的高效协同。

总之，煤炭运销一体化平台可以大幅提升煤炭运输效率，降低运输成本。

**3. 以精细化调度实现弹性供应**

煤炭供需受季节、经济发展形势等因素影响，呈现不规律波动的特点。对此，上游供应方应建立弹性供应机制，实现煤炭供应和物流运输的动态调整和灵活调度。

以往，煤炭供应和物流运输中的调度工作由人工负责，存在效率低下、容易出错等问题。而煤炭运销一体化平台搭载了先进的智能算法，可以对运输方案进行测算，实现分钟级的方案调整、优化，为供应方提供最佳的物流运输方案。

基于大数据技术和强大的计算能力，煤炭运销一体化平台可以对供应、运输的货量进行预测分析，以合理配置物流资源，实现煤炭供应弹性调度和运输过程中的高效协同。

总之，煤炭运销一体化平台基于自身的数字化优势，可以实现煤炭供应调度、运输的全程可视化，促进煤炭供应链上各方紧密协作，更好地平衡供应与需求之间的关系。

## 9.4.4 培养和运用"生态链思维"

如今，制造业数字化、信息化程度进一步加深，转型升级步伐加快。制造企业进行数字化转型不应"单打独斗"，而应与行业中的其他企业以及供应链上的合作伙伴紧密协作，打造互利共赢的生态链，最终实现整个生态的转型。

在互利共赢生态链中，企业之间的竞争依然存在，但生态链强化了企业间的共赢性、联动性和发展的可持续性。企业要想尽快完成生产制造数字化转型，就要注重培养和运用"生态链思维"。

传统制造业是"生物体思维"，而数字化时代的制造业是"生态链思维"。"生物体思维"也被称为"利己思维"，是指企业只注重自身发展，不考虑对外部环境的影响。"生态链思维"则不一样，是指企业与合作伙伴、用户、社会共同成长、共同进步、共同受益、共同发展壮大，最终形成你中有我、我中有你的利益群体。

例如，知名电子产品制造企业小米就秉持"生态链思维"，基于自身独特优势打造了生态链，和生态链中的合作伙伴共同成长。

小米的业务可以分为3个方面：一是硬件，包括手机、电视、路由器、生态链等；二是互联网，包括MIUI、云服务、影业、金融等；三是新零售，包括小米商城、小米之家、全网电商、米家有品等。基于这些业务，小米形成了以自身为核心，涉及投资机构、业务群体、用户以及消费者的生态链。这一生态链被称为小米模式的"放大器"。

小米为生态链中的初创企业提供孵化所需资源，如销售渠道、资金等。这些企业在小米的帮助下迅速发展，成为小米创新升级的坚实后盾，为小米拓展商业版图提供无限可能。

想要打造互利共赢生态链，企业就需要从战略高度上整合供应链上下游伙伴的资源和能力，与合作伙伴共同提升供应链管理能力。企业应以用户为中心，在运营、管理和业务发展等环节相互融合的基础上加强与供应链上合作伙伴的合作，实现数据信息的灵活传递、价值的融合和创造，构建稳固的数字生态和价值链条。

# 第10章 仓储数字化转型

仓储是供应链的重要组成部分,是企业保持强大竞争力的一个重要因素。因此,一些企业不断探索,致力于实现仓储数字化转型,以提高仓储空间利用率,节约运营成本,获得更多利润。

## 10.1　仓储正在大步走向数字化时代

如今,数字化仓储已经在很多行业落地,得到广泛应用。数字化仓储革新了传统仓储模式,对供应链整体的数字化转型具有促进作用。数字化仓储不断升级,衍生出许多新模式,如社区化仓储。下面就针对数字化仓储的作用、社区化仓储和数字化仓库进行讲述,展现仓储数字化转型的可行路径。

### 10.1.1　数字化仓储在供应链中的作用

数字化仓储以人工智能、大数据等技术为推动力,对传统仓库管理进行数字化升级,能够对相关仓储数据进行自动采集、分析和处理,实现更加高效、稳定的仓储管理效果。

企业进行仓储数字化改造,是顺应行业发展趋势的必然举措。在传统仓储模式下,货物分拣、运输、出入库记录等需要人力。随着货物增多,仓库容量逐渐扩大,吞吐的货物越来越多,操作系统也变得更加复杂。种种因素叠加,使得人力成本上升,企业对仓储的时间价值和空间价值的要求越来越高。

传统仓储存在需求预测不准的问题。在货物流通过程中,各个环节的需求预测都会与实际存在一定差异。在一层层环节叠加后,误差变得越来越大,库存与最终需求大相径庭。这种情况会增加企业的市场风险。

传统仓库的自动化管理水平较低,往往依靠人工手动记录数据。在这种情况下,工作人员工作量大、工作强度高,容易出现失误,而且效率低,不能对出入库订单进行快速处理,也难以追溯异常订单。此外,传统仓库管理没有一套合适的体系,没有制定有效的仓库管理和提货策略等。

而数字化仓储能够有效解决这些问题，主要体现在以下5个方面。

（1）简化工作流程。员工可以使用无线扫码枪对仓库货物进行清点、上架和分拣等操作，有效提升工作准确度，降低犯错率。

（2）能够确保数据准确。数字化仓储无须人工录入单据，能够减少人工操作失误，提升数据准确性和可靠性，使数据更具参考价值。

（3）有效提高库存准确率。企业借助数字化仓储可以实现对库存的合理控制，避免出现货物过多、缺货等情况。

（4）实现信息同步。数字化仓储系统可以连接ERP、MES等系统，有效破除信息孤岛，实现信息同步更新，提升企业整体数字化程度。

（5）实现智能设备集成。仓库内部的智能设备可以实现互联，从而提升仓库的智能化、自动化程度。

随着数字化仓储不断推进，其与各个行业的融合也不断加深，出现了许多实用案例。下面以数字化仓储在钢材行业的应用为例，讲述数字化仓储给传统仓储带来的颠覆以及对供应链的赋能作用。

传统的钢材仓储存在企业综合实力较弱、存储环境差、钢材破损、易出安全事故等问题。这就需要钢材仓储企业以数字化手段为供应链体系的发展和完善提供帮助，助力钢材仓储行业打破发展瓶颈，解决运营成本过高、效率低下的问题，形成更具竞争力的新型钢铁物流产业链和相对成熟的钢铁仓储物流产业。

作为数字化仓储的推进者，河北省物流产业集团率先打造了金属材料智能仓储系统和智慧物流产业园区，实现了仓储智能化管理、库存商品可追溯以及钢材仓储流程数字化。该企业通过打造智能物流系统，实现多方协同合作，有效提高了信息传播效率，减少了误差。

该企业认为，仓储数字化能够有效保证货物安全和货权清晰。传统仓储的主要功能是储存货物，仅能发挥商品的生产属性。而仓储数字化能够实现库存商品数字化，如果商品的库存发生变化，系统能够将数据传输到数据库中，使企业同步掌握库存情况。

总之，河北省物流产业集团的智能仓储系统和智慧物流产业园区为其他地区和其他企业的仓储数字化提供了范本：利用高新技术提高了钢材运输的效率，利用多源信息三维重构和环境感知技术，解决钢材多层堆放造成的形变、位移不确定等问题。

## 10.1.2 社区化仓储解决供应链末端痛点

社区物流位于供应链末端。随着网络购物不断发展，快递服务在社区物流中所占的比重不断提高，但是社区物流距离真正满足社区居民需求还有很长一段路要走。

目前，社区配送存在一些痛点，包括社区的寄件需求分散，居民的时间与快递员的时间难以匹配，造成快递员重复上门；上门需求日益增加，但是快递员紧缺；许多社区实行管制，使得快递员的派送效率大幅降低；等等。由此，社区化仓储应运而生。社区化仓储主要有以下4个特点，如图10-1所示。

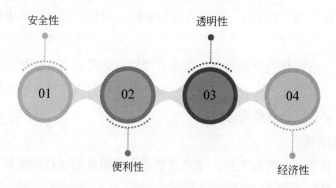

图 10-1 社区化仓储的 4 个特点

### 1. 安全性

社区化仓储是一种新型仓储方式，能够为用户提供安全、专业的仓储场所。这些仓储场所均配备专业安全措施，包括火灾报警系统、人员出入管理系统等，能够保证物品存储的安全性。

社区化仓储运营商能够为用户物品提供保险。即便发生了丢失、盗窃、火灾等事故，用户也能够得到全额赔偿，使用户更加安心。

社区化仓储会对物品进行专门的分类管理，能够提高用户取出物品的效率，避免物品混乱摆放造成的丢失问题。

为了保证安全性，社区化仓储会对用户身份进行认证，确保用户存放的物品符合法律法规。同时，社区化仓储会在服务合同中明确约定用户的权利和义务，有效保障用户的合法权益。

社区化仓储能够有效保障物品的安全性。用户可以放心地将自己的物品存放在社区化仓储场所，享受更加安全的储物服务。

### 2. 便利性

社区化仓储是一种智能仓储服务，以智能技术为基础，能够连接互联网和物联网，为用户提供便捷的仓储体验。

用户可以通过手机 App 或网站自助存储、取物和查询，有效解决了传统仓储服务中用户必须到仓库取货的弊端，提高了工作效率。

社区化仓储为用户提供 24 小时自助取物、储物服务，为用户提供了便利，有效提高了用户体验。

社区化仓储支持用户随时在线查询货物状态，在为用户提供便利的同时，也提高了用户的信任。用户有任何疑问，均可通过在线客服询问，获得解答。

总之，社区化仓储的自助查询服务能够有效降低用户使用成本，提高仓储运营效率。社区化仓储的管理系统能够实现对商品的全面监控，在提升服务质量的同时降低人力成本。

### 3. 透明性

社区化仓储具有透明性，用户在享受仓储服务的过程中能够了解仓储的内部情况。

透明性主要体现在以下 4 个方面。

（1）仓储信息的透明性。用户借助社区化仓储 App，可以了解货物存储时间、地点、状态等信息，并可随时进行位置调整。

（2）收费标准的透明性。社区化仓储的收费标准公开透明，用户可以借助 App 查询。不同物品有不同的收费标准，用户可以根据需求选择和调整。这可以避免因收费不明而产生纠纷。

（3）储物安全的透明性。社区化仓储十分重视物品的安全性，采取了许多安全措施。用户可以通过 App 了解具体安全措施及其执行情况，以了解自己的货物是否安全。

（4）服务质量的透明性。社区化仓储始终将用户放在第一位，为用户提供高质量的服务，并认真听取用户的建议，不断优化完善，更好地满足用户需求，提高用户满意度。

社区化仓储通过智能化技术实现了仓储的透明性，能够使用户在储存物品过程中及时了解仓储情况，更加安心，更加满意。

**4. 经济性**

社区化仓储的经济性主要表现在两个方面：一是价格合理，二是节约时间。与传统仓储服务相比，社区化仓储价格更加合理。传统的仓储服务需要用户租赁整个仓库或货架，价格高昂。而在社区化仓储模式下，用户可以根据自身需求灵活选择储物空间。用户仅需支付自己实际使用的空间的费用，价格实惠。

此外，社区化仓储设备实现了智能化，管理人员可以通过智能控制系统进行管理，从而降低人力成本，间接降低用户的使用成本。

社区化仓储可以为用户节约时间成本。用户可以通过智能化仓储系统进行更加便捷的操作，实现快速存取。并且，用户可以通过社区化仓储的线上储物功能预约储物和取物，无须现场操作，节约了许多时间。社区化仓储还能为用户提供快递代收、代寄服务，给用户的生活带来更多便利。

### 10.1.3 打造数字化仓库的技术依托

仓储能够连接生产、供应、销售等环节，在整个供应链中起到非常重要的作用。仓储管理人员职责很多，他们需要看管和保护商品，负责进货和发货，核算管理成本，控制商品库存等。

在数字化时代，许多企业将仓储管理与多种技术相结合，打造数字化仓库，积极进行仓储数字化转型。具体来说，打造数字化仓库主要用到以下几种技术。

**1. RFID**

RFID 主要是借助无线电信号对特定目标进行分析、识别，并读写相关数据。RFID 技术能够使识别系统与特定目标之间无须再建立联系，从而减少工作环节。

在数字化仓库中，RFID 技术可以应用于货物登记：可以对货物的批次、保质期、配送信息等进行登记，并实行电子标签式管理；能够对收货、发货、补货等环节进行规范化记录,并输出统计报表;能够对仓储各个环节进行实时监控。RFID技术减轻了员工的工作负担,员工无须手动书写票据。

### 2. 物联网

物联网应用于数字化仓库中,能够快速读取和记录货物信息,并简化相关工作流程,提升工作效率;减少工作失误,提升货物管理的准确性。此外,物联网技术还能够在货物搬运中发挥作用,对智能搬运车进行作业操控。

### 3. 区块链

在仓储管理中,仓库货物的流动管理是一个重点。传统仓储存在数字化程度低、沟通效率低的问题,员工无法实时获取货物信息,确认货物的真实性。这就可能引发造假风险,产生信任危机。而区块链技术应用于数字化仓库中,能够让货物信息全部上链,做到公开透明,有助于各方建立信任关系。

区块链能够对货物运输整个过程进行加密处理,并利用算法算出字符串。如果有人对信息进行修改并重新加密,那么字符串就会发生变化。借助区块链技术,企业可以解决货物的所有权问题。此外,区块链的可追溯性、不可篡改性等特性,能够有效解决信任问题。

### 4. 云计算

企业利用云计算技术将仓库管理数据上传至云计算平台,可以实现各个部门之间的信息共享,从而实现数据及时更新,避免因信息不同步产生偏差,有利于促进各方协作,降低库存管理成本。

### 5. 大数据

基于大数据技术,企业能够对各个地方、各个站点的仓库进行智能化管理,并将运营、管理等信息上传到大数据平台,实现各类数据的整合,为决策提供依据。

### 6. 人工智能

人工智能在物流领域具有广阔的应用前景,尤其是在仓储方面。例如,安装了自动引导装置的仓储机器人可以沿着设定好的路线自动前进,将货物运送到指定地点。仓储机器人可以代替人工完成一些危险工作,在降低人力成本的同时避免安全隐患。

打造数字化仓库离不开各类高新技术，数字化仓库能够提升企业仓储管理效率和质量，实现仓储管理智能化、数字化，为企业创造更多效益。

## 10.2 数字化库存拥抱新时代

库存对于企业来说是一把双刃剑，库存过多可能会造成商品积压，使企业资金周转不灵；库存过少可能导致供不应求，企业无法及时满足用户需求，损失一大笔收入。因此，企业应该做好库存管理。在数字化时代，企业可以利用数字化技术进行科学的库存管理，从而实现利润最大化。

### 10.2.1 供应链数字化环境下的库存控制措施

在供应链数字化转型过程中，企业要学会控制库存，从而有效降低成本。供应链数字化环境下实现库存控制的关键方法主要有5个，如图10-2所示。

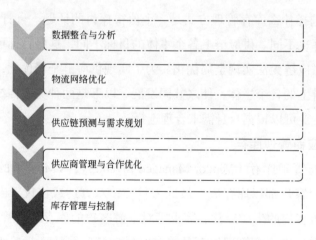

图10-2 供应链数字化环境下的库存控制措施

（1）数据整合与分析。为了实现库存控制，企业需要对各个环节的数据进行收集与整合，形成统一的数据库；借助数据分析工具对数据进行分析，从而挖掘出潜在问题和发展机遇。借助这种方法，企业能够更加了解市场需求，合理制定运营策略。

（2）物流网络优化。企业借助物流规划和路径优化工具，能够对各个仓储中心和运输通道进行分析，制定最佳的物流路径。

（3）供应链预测与需求规划。企业通过对历史数据的分析和对市场趋势的研究，可以对未来需求变化进行预测，及时调整采购和生产计划，降低库存风险。

（4）供应商管理与合作优化。供应商也应参与到数字化供应链管理中。企业可以利用供应商评估和绩效考核机制筛选优质供应商，有效提高供应商的质量和服务水平。

（5）库存管理与控制。企业可以使用先进的库存管理系统，对库存情况进行了解，并通过数据分析对库存策略进行优化，降低库存风险。

总之，供应链数字化转型能够有效提高库存控制效果，对于企业节约资金、提高效率具有重要意义。只有进行供应链数字化管理优化，企业才能够在激烈的市场竞争中占据优势，实现可持续发展。

### 10.2.2　供应商管理库存 VS 联合管理库存

企业选择什么库存管理方式是一个值得探讨的话题。自身情况不同，企业的选择也不同。供应链上各个主体的目标不同，这些目标可能存在冲突，导致供应链无法实现全局优化。为了实现供应链全局优化，企业应该协调供应链上的各个主体，使之共同发展。以下是两种突破传统的库存管理方法，企业可以根据自身需求合理选择。

**1. 供应商管理库存**

供应商管理库存（Vendor Managed Inventory，VMI）指的是上游供应商和下游客户都以库存成本最低为目的，双方达成协议，由上游供应商根据下游客户的生产经营、需求等对下游客户的库存进行管理与控制。从本质上看，供应商管理库存是将多级供应链问题转变为单级库存管理问题。

在使用 VMI 的情况下，供应商能够对下游客户的商品库存进行安排，而店铺的整体布局、货架安排等仍由下游客户决定。

VMI 是一种以供应商和下游客户达成友好合作关系为基础的供应链

库存管理方法。其突破了传统的管理模式，有效减少了库存量，降低了库存成本，可为用户提供更优质的服务，使供应商和下游客户都能获利，实现双赢。

VMI 具有许多优点。

（1）VMI 能够实现信息共享、互帮互助。下游客户能够为供应商提供销售建议和商品销售数据，而供应商能够根据销售数据安排商品的生产、库存，并制订合理的销售计划。

（2）VMI 能够实现风险共担。供应商对商品库存进行管理，就意味着其具有看管义务，如果库存商品丢失、损坏，则供应商需要承担相应的责任。

（3）VMI 能够节约成本。对于下游客户来说，供应商管理库存意味着其可以不再聘用专门的订货人员，从而降低运营成本。同时，供应商会细心管理库存商品，并推行许多有效的管理方法，降低库存管理成本。供应商还可以根据销售数据对用户需求进行预测，使订货数量更加精准，降低存储成本。

### 2. 联合管理库存

联合管理库存（Jointly Managed Inventory，JMI）是一种以经销商一体化为基础，供应商和客户共同参与、风险共担的库存管理模式。供应商和客户在库存计划制订、库存管理等方面都可以贡献自己的力量，双方相互协调，将库存管理作为连接彼此的纽带。

传统经销方式是经销商根据自己的预测结果向制造商订货，但由于存在商品准备期，经销商需要等待一段时间。在这段时间内，可能有许多用户订购商品，经销商不得不利用库存商品满足用户需求。

一些经销商尝试通过增加库存来应对临时订单，但是一些产品配件价格高昂，库存过多会增加经销商的负担。因此，经销商无法通过增加库存的方法满足用户需求，必须寻求全新的解决方法。

借助现代信息技术建立经销商一体化战略联盟，把战略联盟内所有经销商的库存整合起来，实现联合管理库存，可以有效解决上述问题。

联合管理库存好处很多。对于经销商而言，联合管理库存有助于建立覆盖范围广泛的库存池，实现一体化物流运输；降低了自身的库存量和整个供应链的库存量,在节约资源的同时能够快速满足用户需求,减少因缺货而错失销售机会的情况发生。

此外,经销商距离用户更近,能够更好地满足用户需求,为用户提供优质的售前、售中和售后服务。这使得制造商可以将更多精力放在产品制造上,提高产品质量。

实行联合管理库存,需要做好以下几个方面的工作。

**1. 建立供需协调的管理机制**

制造商需要具备责任感和一定的信誉,使经销商相信其能配合自己的工作。基于此,制造商和经销商以互惠互利为前提,共同建立供需协调的管理机制,对合作目标、利益分配等进行管理,双方共担风险、共享资源、共同发展。

**2. 建立信息共享与沟通系统**

基于 EDI(Electronic Data Interchange,电子数据交换)系统、POS 系统、条码和扫描技术等建立的信息共享与沟通系统,能够使各个经销商互通信息、协调一致,快速满足用户需求。

**3. 经销商之间要互相信任、互帮互助**

联合管理库存建立在经销商之间互帮互助、彼此信任的基础上。例如,一些经销商可以为其他经销商提供其所需资源,帮助其他经销商更好地为客户服务。基于信息共享与沟通系统,经销商之间更容易建立信任关系,充分发挥各自特长、优势互补,实现联合管理库存的目标。

### 10.2.3 自动化库存预测与智能补货

传统供应链管理中的许多工作需要由人工完成,尤其是在补货环节。人工补货精准性、时效性不足,而有高新技术助力的智能补货能够考虑时间、数量、周期等因素,减少积压库存和缺货现象,有效提高库存商品周转效率。

以贵州某集团为例。该集团主营连锁便利店业务,在省内有超过 800 家门店。多年以来,该集团在低温乳制品、即食性食品等保质期较短的低温产品领域深耕。2022 年,该品类产品的销量出现较大波动,产品破损、缺货现象时有发生。而传统补货模式更新速度太慢、逻辑不清,难以实现供需平衡。基于此,该集团和国内某家一流咨询与研发公司合作,组建了智能补货团队。

通过大量的门店调研,该团队明确了该集团的补货需求与痛点,为其量身打造了智能补货系统。

首先,该系统汇总了产品库存、产品销量、门店所在商圈、天气、日期等 50 多种来源的数据,搭建了销量预测模型,帮助门店精准预测未来几天至几周的产品需求波动。

其次,该系统以日期为导向,结合周边建筑(写字楼、社区等)分析门店在工作日和休息日的销量波动,协助门店灵活调整节假日人员配置与促销活动安排。

再次,该系统接入周边 POI(Point of Interest,兴趣点)数据,门店可根据所在商圈变化调整运营方案。与 ERP 系统连接后,门店可以及时知晓全部产品的生命周期,进而调整配货方案,精准定位补货范围。

最后,该系统同步供应商信息,包括交货时间、交货数量、货物质量等,确保各门店与供应商及时取得联系,各类产品按时到位,维持供需平衡。

目前,该集团已将智能补货系统的应用拓展至常温食品、日用品等品类。在利用先进技术谋求供应链转型的同时,该集团积极对全体员工进行培训,并不断提升管理人员的管理、决策水平。在此基础上,各团队协同配合,为门店供应链带来了颠覆性的变革。

## 10.3　那些不可忽视的数字化转型先锋

在仓储数字化转型方面,许多企业率先进行探索,如亚马逊、京东、孩子王等。这些企业在机遇与挑战中破浪前行,为其他企业的仓储数字化转型提供了范例,提升了整个仓储行业的数字化程度。

### 10.3.1　亚马逊:牢牢抓住数字化仓储的未来

基于数字化仓储的巨大发展潜力,作为全球知名的电子商务平台,亚马逊引入多种技术,持续探索数字化仓储,为用户带来更优质的体验。云仓是亚马逊推出的创新业务，是云计算与物联网技术的结合体，能够解决传统仓储面临的诸多问题。

云仓是一种新型仓储模式，将传统的实体仓库进行数字化和网络化处理，并通过云端平台实施信息管理和操作控制。亚马逊云仓能够通过互联网接入库存数据、订单信息、物流运输数据等，有效实现信息的高效共享，提高仓库利用率和物流效率，降低仓储和物流成本。

亚马逊云仓主要有3个特点，如图10-3所示。

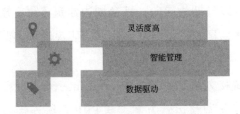

图10-3　亚马逊云仓的3个特点

（1）灵活度高。根据市场需求和企业规模变化，亚马逊云仓能够随时调整存储空间，灵活度很高。

（2）智能管理。借助云计算和物联网技术，亚马逊云仓能够对商品库存、订单情况、运输详情等进行监控，并随时优化仓储布局，提高仓储配送效率。

（3）数据驱动。亚马逊云仓运用了许多先进技术，包括大数据、人工智能等，能够对销售数据进行挖掘、分析，然后进行产品优化、库存管理，实现个性化的仓储管理。

与传统仓储模式相比，亚马逊云仓具有一些优势，如图10-4所示。

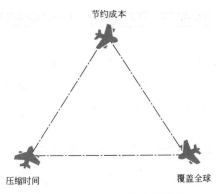

图10-4　亚马逊云仓的优势

（1）节约成本。亚马逊云仓使用共享模式，能够将多个商家的库存需求合并，实现统一存储和配送，提高了仓库使用效率，降低了人力成本。

（2）压缩时间。亚马逊云仓与物流网络相结合，能够快速实现商品上架和订单处理，有效缩短了商品交付时间。

（3）覆盖全球。亚马逊云仓实现了全球化布局，能够将商品销售到全球，有效拓展了市场范围。

亚马逊云仓在为企业提供有效的仓储和物流解决方案的同时，优化了用户的消费体验。未来，亚马逊将继续以数字化仓储为依托，不断发展壮大，推动仓储和物流行业朝着智能化、便捷化方向发展。

### 10.3.2 京东：天狼智能仓储系统的巨大魅力

随着电子商务的蓬勃发展，传统仓储流程已经无法承担大规模、多品类、低容错率的物流任务，仓储行业的数字化转型迫在眉睫。如何利用先进技术打造智能化仓储系统，提升物流工作效率，实现降本增效，成为我国物流企业面临的一大挑战。

针对这一挑战，京东物流推出了天狼智能仓储系统。该系统由京东物流自主研发，能够帮助物流企业提升仓库存储能力，提高货物出入库效率，减少仓库占地面积和人力资源消耗。

天狼智能仓储系统包含硬件、软件两大部分。在硬件方面，该系统配备穿梭车、提升机和工作站。穿梭车采用超薄车身，负责水平搬运工作，行走速度达到 4 米/秒。提升机配备 20 米超高立柱，负责垂直搬运工作，升降速度达到 5 米/秒。工作站则具备拣货、盘点、自动供箱等多项功能，供箱效率达到 600 箱/小时。

在软件方面，该系统依托京东自主研发的 WMS、WCS 以及 3D SCADA（Supervisory Control And Data Acquisition，数据采集与监视控制）系统组成智能调度系统，结合 5G 网络快速下达任务，提升硬件设备的拣货效率和存储密度，进而为用户提供更加高效的服务。

除了推动自身仓储数字化水平不断提升，京东物流还助力其他企业实现仓储数字化转型。例如，京东物流与广东亿安仓供应链科技有限公司（以下简称"亿安仓"）合作，帮助亿安仓优化仓储工作流程，实现仓储系统数字化升级。

京东物流对亿安仓存在的仓储问题进行了分析,结果表明:亿安仓内SKU种类繁多、存储分散、货物效期管理严格,仓储人员拣货速度和准确性较低。同时,仓内存在保税、完税两类商品,但仅通过将其放置在不同的楼层实现物理隔离,仓储空间利用率和人工作业效率较低,管理难度较大。此外,亿安仓内储放有大量3C(Computer,计算机;Communication,通信;Consumer Electronics,消费电子)产品,对仓内的温度、湿度、防尘以及防电等级提出了更高要求。

针对以上问题,京东物流结合天狼智能仓储系统,确定了亿安仓整改方案,具体思路可总结为以下四点。

(1)现有仓库原址技改。在符合消防安全规范、土地建设规范的前提下,对亿安仓现有仓库进行改造。在改造期间,亿安仓生产作业正常进行。

(2)仓内空间设计。亿安仓净高度达20米,可以设计大小不同的托盘和层级,最大化利用纵向空间,实现整箱、周转箱共同存储,提高坪效。

(3)系统对接。亿安仓现有WMS系统需要和客户端WMS系统进行对接,确保系统匹配。同时,根据不同电子元器件订单的特点,打造与其适配的拣选工作站,确保工作站设计符合人体工程学,提高拣货准确率和速度。

(4)设备升级。在亿安仓原有设备基础上进行升级改造,提高设备效能,留出足够的扩展空间。

经过两个月的升级改造,亿安仓脱胎换骨,在天狼智能仓储系统支持下实现了仓储工作的数字化转型。

在硬件方面,针对SKU数量繁多、存储分散的问题,京东物流在符合消防安全规范前提下,打造托盘式自动化立体仓库,与原有的箱式存储结合,扩展托盘、箱式货位的存储容量,实现最大化存储。在箱式立体仓库内,整箱和周转箱共库存储,周转箱采用防静电材质以保护3C产品安全。

亿安仓内配备穿梭车和提升机,输送线上配备工作站。穿梭车由超级电容供电驱动，减少不必要的滑触线，节能环保。车辆载重质量最高可达50千克，最远伸叉距离达1.2米。

在此基础上，穿梭车能够在仓库中自动存取货物，大量尺寸不同的原箱货物能够混合存储，进一步降低人力成本，提升货物出入库效率。

工作站具备较高的通用性，可完成货物入库、拣选、理货、盘点等多项工作，进一步提高仓储工作效率。

在软件方面，京东物流为亿安仓配备中央控制集中系统，通过实时收集仓库设备运行数据，下达相关任务，确保保税、完税两类商品在同一库区完成自动存取。此外，亿安仓WCS全面升级，通过输送线将货物原箱自动分配至工作站，自动供给空箱，确保仓储各环节实现出入库信息共享。

经过全面改造，亿安仓成功搭载天狼智能仓储系统，仓储管理能力和运营效率大幅度提升，仓储人员的工作强度有效降低。

在天狼智能仓储系统加持下，亿安仓内部的存储面积增量超过1万平方米，货物拣选效率提升80%，准确率提升至99%以上，人工作业效率提升230%，亿安仓供应链数字化转型步伐进一步加快。

综上所述，京东物流与亿安仓的深度合作，证明了仓储数字化转型对物流企业的重要性。天狼智能仓储系统成功的背后是研发人员不懈的努力，设备作业节拍优化精确至秒，混箱存储密度实现最大化，用户体验感不断增强……京东物流研发团队的脚步永不停歇，以敬业、精益、专注、创新的工匠精神为物流企业的数字化转型添砖加瓦。

对于物流企业来说，搭载天狼智能仓储系统是技术层面的优化升级，想要发挥系统的最大价值，还需要形成以工匠精神为核心的企业文化，提升管理能力和员工素质，最终实现长远发展。

### 10.3.3 孩子王：以补货数字化提升供应链效率

孩子王是一家成立于2009年的中高端母婴儿童用品全渠道服务商，专业从事准妈妈及0~14岁婴童商品一站式购物服务。从2009年到2022年底，孩子王陆续在全国将近200个城市开设直营门店，并打造App、小程序、电子商城等线上销售渠道。

孩子王从科技力量和高质量服务两方面出发,充分了解用户心声,以大量互动增强用户黏性,并创立了以会员关系为核心的单客经营模式,逐渐成为母婴童行业的龙头企业。

自成立以来,孩子王一直围绕"母婴"发展,主营业务包括母婴产品销售、母婴服务、广告业务等,为用户提供优质的消费体验。随着市场竞争加剧,孩子王跟随市场的脚步,以数字化赋能自身产业,实现全渠道运营。

**1. 不断进行研发投入,有效提高数字化水平**

孩子王高度重视数字化平台的搭建,不断加大研发投入,从2017年到2021年,研发费用从0.14亿元增长至1.01亿元。

截至2023年3月1日,孩子王拥有32个软件的著作权,并获得了"首批线上线下融合发展数字商务示范企业""江苏省电子商务示范企业"等诸多荣誉。其数字化智能物流系统入选"江苏智慧物流降本增效改革智慧物流主体培育试点"。其自主研发的孩子王App大受欢迎,在2019年母婴类电商App中排名第一,数字化建设卓有成效。

**2. 实现数字化系统全流程覆盖,提高业务运转效率**

孩子王以"信息化—在线化—智能化"为发展路径,搭建了数字化系统,包含前台、中台、后台和终端系统。系统中又包含7000多个子模块和上千种数字化生产工具,实现了多个生产要素的数字化和在线化,有效提高了业务运转效率。

孩子王数字化系统实现了4个方面的数字化,如图10-5所示。

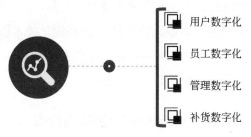

图10-5 孩子王数字化的4个方面

(1)用户数字化。孩子王不断拓展线上线下营销渠道,并利用大数据实现精准营销。在不断探索下,其推出了App、小程序、数字商城等线上平台,并由此搭建起了用户前端系统,实现了线下线上平台互通。用户可以在任何时间、任何地点购物，享受孩子王提供的优质服务。

此外，孩子王在为用户提供服务的同时不断收集用户信息，对用户进行分类，实现广告投放的个性化和精准化，赋能业务发展。

（2）员工数字化。为了提高员工为用户提供服务的效率和质量，孩子王开发了许多用户管理工具，包括"人客合一"育儿顾问用户管理工具、"阿基米德"店总经营管理工具等。

其中，"人客合一"育儿顾问用户管理工具功能丰富，包含11个模块，能够为用户提供多种服务。该工具能够对用户购物行为与购物需求进行分析，并基于分析结果将服务需求推送给对应的员工，助力员工进行个性化营销，不断提升服务质量和用户满意度。

（3）管理数字化。孩子王将业务中台、数据中台和AI中台结合，全面提升业务运转效率。业务中台主要有11个模块，包括会员、团购、库存、预售、促销、扫码购等，能够帮助企业制定更加灵活的商业模式。

数据中台通过运用智能算法与模型为业务中台提供智能营销、智能补配货、智能销量预测等功能，以数据驱动业务智能化。

AI中台以人工智能技术为依托，能够从用户、数据和应用3个方面提升员工服务效率和质量。总之，3个中台相互协作，有效提升了孩子王的服务效率和服务能力，帮助孩子王实现降本增效。

（4）补货数字化。孩子王采用自动补货系统，能够有效提升库存管理效率，减少存货周转天数。自动补货系统能够对店铺历史数据进行分析，包括销售数据、库存数据等，生成相应的补货建议并形成采购订单或配送订单，满足店铺的补货需求。

自动补货系统还可以根据店铺类型、商品类型、订单类型等智能调整补货模型，有效增强库存管理能力。

**3. 数字化赋能门店零售，提升渠道运营效率**

孩子王打造了智慧门店，实现用户行为数字化。用户进入门店，可以在进店大屏上签到，获得门店优惠信息、查看门店热门产品等。中台系统会对用户的个人数据进行分析，得出用户的消费偏好，并将其发送给育儿顾问。用户的进店信息也会同步发送给育儿顾问，使其能够精准地为用户提供产品和更加优质的服务。

如果用户在购物时对产品产生兴趣，则可以使用孩子王 App 扫描产品条码，详细了解产品信息、用户评价等。用户结账时，可以使用孩子王 App 进行结算，并到指定地点取货，有效减少排队等候时间。

为了更好地服务用户，孩子王从用户角度出发，打造了门店库存数字化共享系统，实现"一单全国发"和"一店卖全国"，有效规避了线上线下门店的竞争，实现了全渠道融合，提高了经营效率。

总之，孩子王从供应链多个环节入手，借助技术手段和数字化系统提高了服务效率和质量，优化了用户体验。

# 第 11 章　物流数字化转型

物流是供应链中非常重要的一环,是连接生产端与消费端的纽带。在数字化浪潮下,物流行业迎来全新发展空间。物流数字化转型能够解决传统物流存在的弊端,有助于企业打造智能化、透明化物流体系,满足用户日益增长的需求。

## 11.1 智能设计全程运输方案

许多新技术在物流行业的应用使得物流运输朝着智能化方向发展。智能运输解决方案能够解决传统运输模式存在的问题,助力企业整合技术和资源,打造运输管理系统。

### 11.1.1 解决传统运输问题

传统运输模式存在许多弊端,如图 11-1 所示。

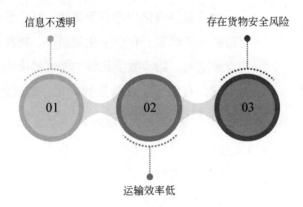

图 11-1 传统运输模式的弊端

**1. 信息不透明**

在传统运输中,货物信息往往无法实现公开、透明,用户无法及时了解货物状态,供需双方信息不对等。

**2. 运输效率低**

货物在运输过程中需要经过多次中转,提高了时间成本,降低了运输效率。

**3. 存在货物安全风险**

货物在运输过程中容易出现丢失、损坏等问题，给相关方造成财产损失，安全风险很高。

为了解决传统运输中存在的问题，智能运输应运而生。智能运输指的是利用先进技术，如大数据、人工智能等，实现运输智能化。智能运输系统能够对运输过程进行实时监控，使企业更好地把握运输动态，提高运输效率，降低运输成本。

智能运输系统能够实现对车辆的实时监控，根据天气、路况等因素，为运输车辆规划合适的行车路线。此外，智能运输系统还能够对历史运输数据进行分析，给出最佳运输路线，提高运输效率。借助智能运输系统，企业可以实现物流透明化、智能化，实时掌握物流情况，真正实现降本增效。

### 11.1.2　Forto：打造与众不同的运输管理系统

Forto 是一家于 2016 年创立的数字化货运代理和供应链解决方案提供商，原名为 FreightHub。Forto 致力于打造与众不同的运输管理系统，使货物运输变得高效、便捷，推动物流行业实现可持续发展。

Forto 打造的运输管理系统能够简化运输过程，实现对运输的实时追踪和分析；可以覆盖运输管理的整个流程，包括业务询价、货仓预订、报关等。Forto 业务分布广泛，在亚洲、欧洲等地均设有公司，为全球范围内的 2000 多家企业提供海运、空运、铁路运输等多种货物运输服务和订单管理服务。

Forto 为上千家企业提供了供应链解决方案，具有强劲的实力。2022 年，Forto 完成了由技术投资企业 Disruptive 牵头、总额高达 2.5 亿美元的融资。其计划利用这笔资金雇用更多技术人员和物流管理人员，扩大产品供应并进行全球扩张。

其首席执行官认为，对于 Forto 的许多用户而言，现在是发展的关键时期。Forto 一直以来保持较快的融资节奏，有着丰厚的资金积累，因此能够加速落地企业发展战略。未来，Forto 将进一步扩大服务范围，为用户提供更多的技术支持。

### 11.1.3　Flexport：积极整合技术与资源

传统供应链存在一个较大的弊端，即信息透明度低，不仅行业法规较为模糊，市场内的参与者也十分分散。对此，Flexport积极整合技术与资源，推动供应链优化。

Flexport是一家成立于2013年的数字化货代企业，能够为客户提供透明化货运服务和代理经纪人服务，客户可以通过软件预订卡车、飞机等运输工具。经过不断发展，Flexport的客户遍及全球，已经完成数轮融资。

Flexport之所以能够在竞争激烈的运输行业发展壮大，是因为有自己的一套运营模式。与传统货运代理不同，Flexport拥有自助式科技平台，该平台会公开显示货运价格和过程，可以做到公开透明。Flexport的模式对中小型企业十分友好。众所周知，在传统物流行业，货代企业往往会为拥有大量货物的客户提供优惠，而对于中小型企业则不会有任何优惠。Flexport的科技平台将货运数据进行整合，公开透明地向中小型企业展示货运价格。

Flexport会为用户提供合作中需要的文件，无须用户额外准备。在大数据帮助下，Flexport还为用户提供增值服务，并借此获得了许多收益。在Flexport平台中，用户可以在合理的货运价格基础上获得合适的仓位和优质的服务。

对于一些规模较大的企业，Flexport可以为其提供从货物入库到运输、交付的一站式服务。例如，Flexport能够为Shopify（加拿大跨国电子商务公司）提供全面服务，服务范围覆盖货物供应、货物运输等环节，能够将货物运送到贸易网络中的跨渠道配送中心，使货物能够顺利抵达海关。

此外，跨渠道配送中心由线上订单管理平台Deliverr运营。Flexport、Deliverr和Shopify三者紧密合作，能够保障Shopify的货物快速送达用户手中。

物流行业的数字化转型不但能够有效提高企业运输效率，还使Flexport有机会、有能力提供附加服务，降低成本。例如，Flexport为跨国企业提供退税服务，已经帮助某个服装科技企业顺利退税超过100万美元。

物流运输行业充满了不确定性，运输时间长使得各类风险出现的概率提升。Flexport抓住机会推出货运保险服务，为用户提供"仓到仓"的货运保障，降低货物在运输过程中因意外情况而可能造成的经济损失。

在现代社会中，货运行业市场发展前景广阔，为大量从业者提供了发展机遇，但又因为过于复杂而充满了挑战。整个货运链条中的参与者众多，包括供应商、库管人员、运输人员、零售商等。在这个复杂的链条中，如果仅依靠各参与者手动记录流程，会浪费许多时间，且失误率很高。

Flexport瞄准了这一痛点，搭建了数字化平台，以精细化的信息整合为用户提供公开透明的运输流程，使用户实现对运输过程中货物的控制。虽然传统运输商也能为用户提供专业的运输服务，但是缺乏数字化"基因"，无法实现运输过程透明化。Flexport以数据为基础提供数字化运输服务，能够给用户带来更优质的体验。

与市场上的其他数字化运输平台相比，Flexport抢占先机，具有巨大的发展优势。货代行业中的企业十分注重价格控制和沟通协调。Flexport紧抓这两点，以优质的品牌形象获得大量用户的青睐，不断积累货运量，稳固了行业地位。

如今，市场形势瞬息万变，企业推行数字化物流解决方案能够有效增强供应链柔性。在这样的背景下，Flexport受到了大众欢迎。未来，Flexport将持续挖掘自身潜力，提升服务质量，为用户带来更好的体验。

## 11.2　物流透明化与实时追踪

包裹实时追踪是提高用户体验的重点。企业可以通过打造高能见度的物流系统、实现物流实时追踪等方法，让用户能够随时了解包裹的准确位置和交付时间，从而增强用户的信任感，在激烈的物流行业竞争中脱颖而出。

### 11.2.1　打造高能见度的物流系统

随着现代物流业不断发展，用户对物流的时效性和安全性有了更高要求,提升时效性和安全性成为物流行业服务转型的当务之急。对此,企业纷纷利用数字化转型的契机打造具有高能见度和可靠性的物流系统。

提高物流系统的透明度和可靠性,企业可以从 5 个方面入手,如图 11-2 所示。

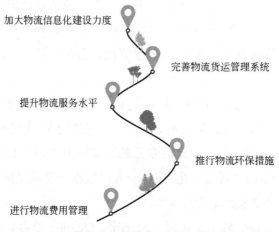

图 11-2　提高物流系统透明度和可靠性的方法

**1. 加大物流信息化建设力度**

加大物流信息化建设力度十分重要,企业可以从物流追踪、运输质量和运输效率提升等方面提高物流的可靠性。

**2. 完善物流货运管理系统**

物流货运管理系统能够监测货物位置,并进行实时播报,便于企业随时了解货物情况,合理进行货物运输安排,提高运输效率。

**3. 提升物流服务水平**

企业可以从提高物流服务质量和服务水平入手,为用户提供优质服务,以好口碑打造可靠的物流系统。

**4. 推行物流环保措施**

企业推行物流环保措施,能够减少物流活动造成的环境污染,实现物流系统持续优化和可持续、绿色发展。

**5. 进行物流费用管理**

通过物流费用管理,企业可以有效控制物流成本,用节约下来的费用完善硬件设施,以提升物流系统的能见度。

物流系统透明、可靠是交易正常进行的重要保障。通过采取以上方法，企业可以打造能见度高的物流系统，提升物流环节的数字化、信息化程度。

### 11.2.2 如何让物流实现实时追踪

在物流行业中，为了让供货方和收货方及时了解货物的运输进度、货物的安全性，实现物流实时追踪十分必要。尤其对跨境物流来说，路途复杂且多变，更需要对货物进行实时追踪。企业可以从以下几方面出发，实现物流的实时追踪。

（1）保持与物流方的联络。跨境货物运输离不开多个环节的协调配合，企业应该与物流方随时保持联系，以便获得最新的物流信息。

（2）搭建智能物流系统。企业可以利用大数据、云计算、人工智能等现代信息技术搭建智能物流系统，对货物进行实时追踪，从而提高物流效率与准确性。

此外，企业搭建智能物流系统，能够有效调配资源，提高资源利用率。企业利用大数据对物流数据进行分析，可以做出正确的物流管理决策。

（3）使用物流追踪技术。对货物运输的实时追踪离不开物流追踪技术，包括GPS、物联网、RFID等。借助这些技术，企业可以随时掌握货物的位置信息和运输状态，并根据用户需求为货物安排适当的路线，以便货物能按时送达。

（4）做好口岸备案、申报、审核与汇总。企业应该对货物的海关清关过程有清晰的了解并进行把控。除了授权货运代理机构负责货物海关清关事宜，企业还可以自主研发自动检测进出口申报记录的数字化工具。这类工具可以有效连接物流方和收货方，实现高效的进出口管制。

总之，企业可以通过搭建数字化平台、采用先进的物流追踪技术等方法实现对物流的实时追踪，以保证货物安全，提高服务质量。

### 11.2.3 德邦发展"互联网＋物流"，实现透明化

如今，先进技术推动各行各业的企业加快转型步伐。但是，转型不应

该盲目进行，企业应从自身特点出发，探索出一条适合自己的转型道路，抢占发展先机。

德邦快递是一家员工众多、组织结构复杂的物流企业。其以"互联网＋物流"的方法实现了物流运输透明化，探索出一条适合自己的转型之路。此外，德邦快递以数字化转型推动信息透明化，显著提高了决策效率。

快递物流是劳动密集型行业，在使用数字化技术之前，工作人员需要在流水线上用肉眼识别快递，从而进行分拣和运送。在工作过程中，如果缺乏有效监管，工作人员就可能出现工作懈怠、工作失误的情况。

德邦快递以数字化转型应对这些问题，制定了大件快递战略。德邦快递依靠零担物流起家，一直致力于推陈出新，并与华为、腾讯、科大讯飞等企业合作，引进全新技术。

德邦快递与华为合作，引入了华为的云服务，在物流云、智慧物流园等领域深入探索，能够对快递单信息进行自动识别、数据备份、网络传输等。

德邦快递还使用了华为的 OCR（Optical Character Recognition，光学字符识别）技术，能够对快递单内容进行识别，并转化为可以编辑的文本，从而有效降低人工手动处理快递单的成本，提高数据录入效率。

德邦快递使用了华为的快递可视化技术，实现运输路线优化，以及运输车辆的合理分配，以提高车辆利用率，有效缩短快递在途时间。

德邦快递与腾讯合作，借助企业微信连接用户、企业、系统和商业，打造了生态闭环。借助企业微信，德邦快递的员工可以与同事、用户和供应商高效对接，使得快递信息即时同步，每个快递都能安全、高效送达。

为了更好地服务用户，德邦快递与科大讯飞合作，引入了智能语音交互系统，为用户提供 24 小时语音服务。此外，该系统能够借助 AI 实现自主学习优化，有效提高客户服务质量。

在"'双 11'购物狂欢节"期间，快递量大幅增加。为了应对快递量激增下的暴力分拣问题，确保快递安全和用户满意，德邦快递制定了完善的应对机制。

（1）德邦快递为物流中心的摄像头接入了"违反操作 AI 智能识别"

系统，这套"不走神"系统能够对快递分拣区域进行全时段监控，促使工作人员专心分拣，违规操作率大幅降低。

（2）独立研发了"大小件融合自动分拣多层立体自动化分拣系统"，能够对大件货物与小件货物进行智能分拣，实现货物高效处理。

（3）设置了自动识别暴力动作的功能，便于排查和制止暴力行为，能够有效降低员工暴力分拣的概率。

### 11.2.4 北国商城的物流升级之道

北国商城股份有限公司（以下简称"北国商城"）是一家成立于2001年的老牌企业，主营业务众多，包括日用百货、仓储物流等。

为了实现物流数字化升级，北国商城建设了高科技物流产业园。该产业园由7个模块组成，能够为北国商城的各个业务板块提供配套的供应链支持，并承接第三方业务，年货物配送额高达100亿元。

此外，北国商城还与上海富勒信息科技有限公司合作，共同打造FLUX SCE［包含订单协同平台OCP（Oracle Certified Professional，Oracle数据库认证专家）、仓库管理系统（WMS）、运输管理系统（TMS）、数据接口平台（DATAHUB）］供应链执行解决方案以及智能化、透明化的供应链管理体系，为其产业园各个模块的高效运营提供柔性的数字化供应链支持。

FLUX SCE供应链执行解决方案主要有3个特点，分别是协同化、可视化、智能化。

**1. 协同化**

（1）打造订单协同平台，高效管理全渠道、多业态业务。北国商城拥有多样化的销售渠道，包括线下门店、线上电子平台以及其他渠道，加上其涉及业务复杂，因此订单众多，涉及机构众多。

FLUX OCP能够为北国商城提供统一的订单协同平台，各个渠道订单可以无缝衔接，从而实现线上线下全渠道统一管理。北国商场通过多系统协同合作，有效简化了作业流程，提升了物流中心的作业效率。

（2）实现全渠道库存共享，提升供应链效能。北国物流是一个供应链服务平台，能够为用户提供专业、优质的服务。借助FLUX OCP订单协同平台，其能够实现全渠道的库存共享。

用户的商品可能存储于多个仓库，而OCP平台能够实现全网库存统一管理，根据订单归属自动寻找商品，并进行库存分配。所有订单都可以按照区域、库存量选择合适的出库地点，订单执行的灵活性增强，库存利用率有效提高。

（3）供应商直通作业。供应商提供的商品到达物流中心后并不入库，而是直接中转运送至门店，能够节省商品在库内的作业时间，提高发货效率。

北国物流原本仅支持整箱直通作业，然而随着新零售的发展，用户对拆零直通业务的需求增加。FLUX OCP平台支持拆零订单的直通作业，能够自动收集订货需求，并传输给供应商，指导供应商订货、对包裹进行分拣、打印对应的送货标签等。

WMS接收来自OCP的订单，自动计算并生成作业指令，拆零直通商品在库内合并装箱打印箱标签后，直接被送至集货位。

（4）多系统协同，简化操作。供应商能够通过FLUX OCP平台预约送货时间，而FLUX OCP平台能够将信息传送至WMS。WMS会自动分配月台，并将相关信息传送到园区闸口系统，电子看板可以显示相应的月台号。

园区闸口系统同步接收相关信息后，对预约车辆自动放行。卸货完成后，相关信息将回传各系统。对于常入车辆，WMS/TMS系统会直接显示其对应的月台。在多系统联动下，供应商的入园流程被简化，园区月台使用率提升，车辆的等待时间减少。

**2. 可视化**

（1）实现载具全流程管理。商超业态的一大特色便是载具管理，载具能够用于仓库、门店、货物运输等多个场景。

对内，FLUX SCE方案能够对载具进行全流程、标准化的可追溯管理。例如，FLUX SCE方案能够借助手机软件、TMS等系统对载具的位置、状态等信息进行记录。

对外，FLUX SCE方案能够实现上游供应商及门店的载具管理和共享，利用数字化方法记录载具流转信息，使载具利用率最大化。

（2）唯一码安全溯源管理。北国商城的许多商品都需要进行溯源管理，包括特色农产品、高档烟酒等。为了对商品进行高效溯源，富勒为北国商城提供了唯一码管理方案。北国商城可与上游供应商对接，获得唯一码。商品的唯一码能够记录商品在供应链上的流转过程，具有可追溯性。当商品出现问题时，北国商城可以根据唯一码将其召回，避免产生更大的损失。

（3）订单生命周期可视化管理。FLUX SCE 方案能够实现订单可视化，为供应商与门店提供直观的订单数据，助力它们制定合理的运营策略，并及时根据情况变化调整运营策略。

FLUX SCE 方案能够对供应链各环节的订单信息进行采集，供应链上的各个主体可以通过小程序、App 等途径对订单信息进行实时查询，并根据订单信息进行后续的工作安排。当订单信息异常时，系统会自动给出异常原因及处理建议，以便供应链上的相关主体可以及时调整运营策略。

（4）运输可视化。企业可以通过可视化定位技术了解车辆运行状态，并对商品、车辆、司机进行全面监控，一旦发现异常便可及时干预处理。此外，TMS 系统具有自动调度功能，能够随时对车辆下达指令，有效提高车辆的运输效率。

### 3. 智能化

（1）实现库存优化，提高运营效率。企业可以使用 FLUX OCP 平台对订单进行分析，实现库存优化和自动补货。FLUX OCP 平台可以对企业货物的出库频率和数量进行分析，为企业提供合理的补货与运营建议，从而优化库存结构，提高货物中转效率。对于供应商而言，FLUX OCP 平台可以为其提供科学的生产计划，从而降低产品积压率，减少库存占用，提高资金周转率。

（2）实现基于订单结构分析的拣货策略。WMS 系统能够对订单数据进行分析，制定合理的拣货策略，提升作业效率。

（3）智能调度。TMS 系统具有自动调度车辆的功能，能够为车辆自动匹配合适的订单。TMS 系统确认订单后，会根据地址自动寻找车辆，并优先选择最优路线附近的车辆，实现资源有效调配。

FLUX SCE 供应链执行解决方案主要有以下几点好处：一是实现供应

链透明化、协同化管理，提升供应链运作的整体效率；二是将业务全景以数字化方式展示出来，用户能够全面了解订单状态，对服务和企业更加放心；三是便于管理，企业能够借助系统生成多维管理报表，并依据报表做出决策；四是能够对供应链全流程绩效进行管理，有效提高员工的工作积极性。

## 11.3 机器人流程自动化管理

数字化转型渗透各行各业，使业务流程的自动化程度显著提升。其中，机器人流程自动化是企业实现业务流程自动化的一项支撑技术，可助力企业轻松研发、部署机器人。企业应对机器人流程自动化进行管理，以尽可能地减少人力消耗，提高工作效率。

### 11.3.1 什么是机器人流程自动化

近年来，机器人流程自动化在供应链中的价值凸显，许多企业纷纷加大对机器人流程自动化的研究力度。但是也有一些企业对机器人流程自动化了解不多，因此没有重视在这一方面进行布局。下面就详细讲解机器人流程自动化的定义、发展历程、优势以及适用场景，帮助企业更好地应用这项技术。

**1. RPA 的定义和发展历程**

机器人流程自动化（Robotic Process Automation，RPA）是根据预先设定的程序模拟用户与计算机交互的过程，并自动执行大批量、基于一定规则、可重复的任务，实现业务流程自动化的软件或平台。RPA 并不是横空出世的，而是经历了一定的发展历程。

（1）第一阶段：工业机器人。说起机器人流程自动化，就必须提到机器人的开端：工业机器人。1954 年，乔治·德沃尔申请了第一个机器人专利，工业机器人的序幕由此拉开。

1961 年，在通用汽车装配线上，工业机器人实现了将物品从一个地方自动移动到另一个地方。1984 年，日本筑波建设了世界第一座无人工厂，工业机器人技术变得更加成熟。此后，越来越多的企业选择使用工业机器人代替工人完成一些重体力、危险的工作，减轻工人的工作负担。

（2）第二阶段：软件机器人。为了节省成本，许多企业将一些非核心业务外包。但其后，更多企业意识到保护数据隐私比节约成本更重要，与其将业务外包，不如由安全可控的软件机器人负责完成。

由此，业务流程自动化逐渐受到一些企业的关注。从20世纪90年代开始，有了许多关于业务流程管理（Business Process Management，BPM）的讨论。在BMP中，业务流程是企业关注的重点。随着更多科技企业的关注，许多自动化技术出现，这些技术被统称为RPA。

企业进入了BPA（Business Process Automation，业务流程自动化）阶段，RPA作为BPA的最佳实践方式登上了舞台。BPA的大量应用衍生出许多流程自动化技术，RPA逐渐渗透多个领域。

RPA的工作流程和工作内容由人工设定，在工作效率方面具有独特的优势，相比人工能够更快地完成工作。机器人相当于企业的数字员工，能够完成许多枯燥、重复性的工作，极大地解放了人力，使得员工可以将精力用于完成更复杂、价值更高的工作。

**2.RPA的优势**

RPA最大的优势是有效降低人力成本。企业使用RPA后，仅需几名员工负责RPA机器人的运营和维护即可，可以节省大量的人力成本。

此外，RPA机器人基于对数据的整理、分析进行相应操作，出错概率极低，能够有效提升生产效率，避免人工操作出现失误。

**3.RPA的适用场景**

RPA能够用于处理一些简单但是数据量大、重复性强、需要大量人力的工作。RPA通过流程自动化节约人力，提升工作效率。企业可以将节省下来的资金用于技术研发、构建自动化平台等方面，从而获得更好的发展。

如今，RPA还在不断进化。未来，它将在更多行业的更多场景中发挥作用，为企业创造更大价值。

### 11.3.2 壹沓科技：智能机器人战略

2023年2月，"全球人工智能开发者先锋大会"在上海临港中心召开。壹沓科技（上海）有限公司（以下简称"壹沓科技"）CEO肖鸣林受邀出席，并发表主题为"壹沓数字机器人助力企业数智化转型"的演讲。

壹沓科技是一家全球领先的数字机器人公司，致力于人工智能领域相关技术和数字机器人的研究。从用户需求、行业痛点、产品创新等角度出发，壹沓科技已经推出诸多智能产品。

壹沓科技认为，当前人工智能火热发展，尤其是ChatGPT的出现，为人工智能落地提供了基础。在这样的背景下，壹沓科技从用户需求出发，以供应链为根基打造了综合性技术平台，通过对业务场景的深入挖掘打造智能机器人产品，使数字化服务惠及更多用户。

人工智能是各大企业竞争的重要领域，在各大企业的共同推动下，我国的人工智能产业体系渐趋完善，产业规模逐步扩大。而壹沓科技在此浪潮下不断向前发展，推动供应链和新零售企业进行数智化转型。

例如，国际物流是单证驱动型行业，在大供应链文档自动化方面存在大量重复性工作，如单证的手工录入，尤其是托书信息的录入。这既是国际物流工作的开端，也是实现业务自动化、智能化的难点。

实现国际物流文档自动化面临许多困难，包括文字、视觉等多模态信息的混合；文档类型众多、格式复杂多变；对技术要求高。文档自动化是业务的起点，其中环节众多，一个小误差就可能造成严重后果。

壹沓科技基于自主研发的核心技术，打造了认知智能产品，并构建了创新三态融合通用文档理解模型，实现了多种技术的突破，有效赋能行业发展。

（1）多模态融合技术。认知智能产品能够学习文字、视觉、空间信息布局在不同模态下的文档特征，从而输出更优质的内容。

（2）文档类型对齐任务。认知智能产品能够完成多种类型的OneShot/FewShot（单样本/多样本）任务，对文档进行精准识别。

（3）使用了上百种供应链文档样本。认知智能产品拥有上百种供应链文档样本，并使用了知识图谱的知识嵌入和自监督训练模式，保证模型的高精度。

在壹沓科技认知智能产品助力下,国际物流各个场景的工作效率有效提升,从而节约更多资源。

此外,壹沓科技还打造了智能文档识别平台"金识雀"。金识雀使用场景众多,功能丰富,包括批量文档上传、校对,更加精准的文件搜索等。该产品具有丰富的行业知识储备,能够有效解决行业痛点,提高整个行业的工作效率。

在打造数字机器人方面,壹沓科技展现了其数字机器人与 ChatGPT 的融合成果——壹沓数字机器人。该数字机器人实现了从单一模型应用到通用模型的突破,拥有应用大部分外部工具的能力,熟悉许多行业知识并能够做到灵活运用。

### 11.3.3 顺丰与海康机器人携手推进供应链数字化

在供应链数字化转型趋势下,许多企业成为战略合作伙伴,共同推进数字化转型。例如,顺丰与海康机器人合作,共同运营全自动化的 6 层仓库项目,实现了仓储信息数字化管理,打造了高效、快速、强大的智慧物流。

在第三方物流行业中,顺丰实力强劲,能够为用户提供优质的供应链解决方案,广受用户欢迎。为了能不断为用户提供高质量服务,顺丰严格筛选智能设备供应商。

经过层层筛选,顺丰决定与海康机器人合作,打造基于移动机器人的智慧物流解决方案。

企业进行供应链管理并不是一件容易的事情,而将供应链管理委托给第三方物流企业,能够减轻企业压力,实现合作共赢。智慧物流解决方案的主要服务对象是国内 3C 龙头企业,这类企业产品种类以及仓库货物数量较多,传统方案无法很好地满足其货物存储、分拣需求。而智慧物流解决方案能够解决人工作业效率低下的问题,以柔性和智能化满足企业不断增长的仓储需求。

顺丰将仓库用于存储和中转国内物料与保税物料,并投入了将近 150 台潜伏机器人和全向叉取机器人。顺丰供应链管理系统能够与机器人控制系统和智能仓储管理系统对接，实现物流信息可视化和仓储业务高质量管理。

借助 Qlik 可视化看板工具，顺丰能够实时监控业务操作进程，并运用 RPA 完成复杂、重复的操作流程，有效减少人力，降低运营成本。

顺丰和海康机器人携手打造的全自动化 6 层仓库项目有一些亮点功能，如图 11-3 所示。

图 11-3　项目的亮点功能

（1）双工位拣货和补货。借助"货到人"的智能化、自动化管理系统，员工无须进入仓库找货，在操作台上便可完成相应操作。此外，员工还可进行双工位拣货和补货操作，有效降低操作难度和作业强度。

（2）混合货架密集存储。该项目采取混合货架密集存储模式，潜伏机器人和叉取机器人在存取货物时能够自动对接，还能够与提升机自动对接，有效提升了仓库利用率和操作效率。

（3）跨楼层补货。在传统方案中，跨楼层补货需要经过工作台检录，十分麻烦。而该项目对跨楼层补货流程进行优化，省略了工作台检录流程，进一步提升了仓储效率。

该项目对推动顺丰供应链数字化进程的作用主要体现在两个方面：一方面，能够有效提升整体找货能力，缩短"人找货"的时间；另一方面，密集存储模式能够最大限度发挥仓库的存储能力，提升场地利用率，使得货物排列更加井然有序。

# 第 12 章 货物交付分析与延期预警

货物交付是供应链中保护客户利益的最后一道防线。交付既是客户的最终诉求,也是企业制订计划的落脚点。延期交付不仅会损害企业信誉,还会影响客户的下一步计划,给客户造成严重损失。企业能否按期交付货物,体现了其供应能力。能够按期交付货物的企业可靠性更高,获得新订单、新业务的机会更多。

## 12.1 传统供应链的交付痛点

传统供应链的货物交付主要有 4 个痛点：一是交付流程烦琐，准时交付率低；二是难以认定违约责任；三是需求具有变化性；四是预测与响应能力较差。企业需要了解这些痛点的成因并采取相应的措施予以解决。

### 12.1.1 交付流程烦琐，准时交付率低

货物交付有一定的要求，如地址信息准确、货物包装完好、附上必要文件等。而且，货物交付流程复杂，需要相关企业提前做好准备。具体来说，货物交付主要包含以下 5 个步骤。

**1. 提货申请**

在准备好货物之后，供应商需要向运输商提交包含货物名称、规格、数量、收货地址等信息的提货申请。

**2. 运输商确认**

在收到提货申请后，运输商需要核实信息并确认实物。信息确认无误后，运输商会安排车辆或飞机运输货物。

**3. 运输过程追踪**

在运输货物过程中，运输商需要监控运输状况和货物状态，为供应商和客户提供实时的货物信息。

**4. 货物到达目的地**

货物送到指定地点后，运输商需要通知客户收货。客户需要核对货物，确认数量、规格等无误且没有破损后便可收货。如果货物有损坏或者数量有误，客户需要和供应商、运输商交涉，划分责任归属，商讨解决办法。

**5. 签署收货单**

货物无误、交付完成后，客户需要签署收货单。签署了收货单就意味

着客户对实际收到的货物没有异议，日后如发现问题，由客户承担后果。

货物交付流程烦琐，交付过程中容易出现问题，因此一些企业货物准时交付率很低，严重影响自身信誉和客户满意度。准时交付率低主要是由以下 3 个原因造成的，如图 12-1 所示。

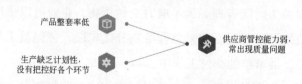

图 12-1　货物准时交付率低的 3 个原因

（1）产品整套率低。在组装型企业中，常常出现缺乏一个零件导致整个产品无法装配的事情。在这种情况下，生产线只能等待缺失的零件，导致半成品积压，耗费了时间，产品不能准时交付。

（2）供应商管控能力弱，常出现质量问题。许多企业没有构建相应的质量管理体系，也没有配备质量管理人员，产品质量由工人自行把控。这就使得产品质量参差不齐，部分质量差的产品需要重新生产，造成时间浪费，影响货物准时交付。

（3）生产缺乏计划性，没有把控好各个环节。企业没有专门的生产计划人员，没有合理计划生产排程，造成货物交付不及时。此外，一些工作人员能力不足，对各个环节不够熟悉，不能快速解决各个环节出现的问题，对出货造成影响，从而造成货物无法准时交付。

面对货物准时交付率低的问题，企业可以从以下几个方面入手进行应对，如图 12-2 所示。

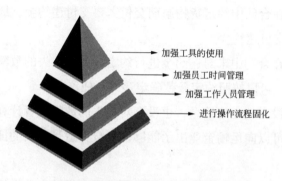

图 12-2　提高货物准时交付率的方法

（1）加强工具的使用。企业可以在货物交付过程中使用数字化工具，一方面，能够自动处理业务，降低货物交付出现失误的概率，提高交付质量；另一方面，能够帮助员工解决简单问题，使员工能够专注于复杂工作，创造更多价值，提升交付效率。

（2）加强员工时间管理。为了准时交付货物，企业可以采用时间管理方法，将事情按照重要程度和紧急程度划分优先级，督促员工将更多时间投入到最重要、最紧急的交付工作中。

（3）加强工作人员管理。企业可以制定相应的奖惩制度，对员工行为进行有效引导，从而降低员工犯错的概率，提升货物交付质量与效率。

（4）进行操作流程固化。产品生产具有重复性，为了提高效率，企业可以将产品生产流程分解，并将每个操作步骤固定化。这样可以从流程上确保工作不会出现失误，从而保障货物交付质量与效率。

总之，企业想要提升货物交付效率、做到准时交付，就需要对自身现状进行分析，找出短板并有针对性地调整。

### 12.1.2 难以认定的违约责任

买方与运输企业进行交易时，往往会缴纳一部分定金，在收到货物后再补齐尾款。在货物运输过程中，可能会出现突发情况导致交货逾期，这会给买方造成损失，并产生相应的违约责任。违约责任的划分需要根据具体情况具体分析。

（1）运输企业已经交付货物。在这种情况下，运输企业需要承担逾期交付货物的违约责任。

如果双方在合约中约定货物逾期交付需要支付违约金，那么运输企业就需要向买方支付违约金。

如果双方在合约中未对违约金进行约定，而对损失的数额或者计算方法进行了约定，可以按照约定条款确定违约责任。

如果双方没有约定违约金，也没有对损失的数额或者计算方法进行约定，那么买方可以向运输企业出示能够证明自身遭受损失的证据，从而获得赔偿。

（2）运输企业没有交付货物。买方可以要求运输企业继续履行交付货物的义务；如果运输企业无法履行合约，买方可以申请解除合约，并要求运输企业承担无法交付的违约责任。

（3）由于运输企业延迟交付货物而增加的费用，需要由运输企业承担。

（4）如果在签订合约后，货物的市场价格出现波动，那么运输企业逾期交货可能会给买方企业造成损失。如果运输企业逾期交货时，货物的现价比约定价格低，那就要按照约定价格支付违约金；如果货物的现价高于约定价格，那就按现价支付违约金。

### 12.1.3 需求具有变化性

传统供应链在交付时需要考虑需求的变化性。在传统供应链上，许多企业只能根据当下的需求制订计划，导致供应链源头的供应商获得的需求信息与实际的市场需求信息之间存在偏差。

受这种偏差影响，为保证货物交付的及时性，上一级供应商需要比下一级供应商存储更多的货物来降低需求波动带来的影响。例如，零售商需要准备更多的货物以应对需求波动；为零售商供货的分销商需要储备更多的货物应对零售商的需求波动；生产商和零部件供应商需要储备更多的货物应对下游的需求波动。

需求信息偏差逐级放大，原始物料的供应商需要储备比市场实际需求更多的货物，耗费更多的仓储运营时间，付出更多的经营成本。此外，用户需求的个性化使产品生命周期逐渐缩短，也为传统供应链上的企业带来了更高的市场风险和投资风险。

例如，企业在供应链组建初期能够获得短期的高额利润，但市场需求的不确定性可能导致企业后期的利润下降，企业利润分配额相对减少，经营风险增加。

总之，传统供应链在面对需求的快速变化和不确定性时，往往会受到时间和空间的限制，缺乏灵活性和应变能力。这不仅会产生较大的需求信息偏差，还会增加采购和交易成本。

### 12.1.4 预测与响应能力较差

传统供应链的预测与响应能力较差，无法在短时间内将用户需要的产品送达用户手中。面对用户购买力的波动以及用户心理的变化，传统供应链对用户需求预测的偏差越来越大。同时，传统供应链的预测时间较长，可获得的需求信息相对较少，因而预测的准确度较低。

此外，传统供应链上的各企业在进行销售预测时往往依赖于历史销售数据，但随着市场变化加快，历史销售数据已无法反映未来市场发展趋势。因此，传统供应链上的很多企业由于缺乏准确的商品供应规划而超量生产，致使实际订单量与预测订单量产生较大偏差，很多产品滞留在仓库里。

供应链上的各企业都有自己的发展目标，更多地从自身利益出发规划战略、制定决策，而忽视了供应链的整体利益。这导致供应链上企业之间难以高效协同，供应链的预测和快速响应能力较差。

## 12.2 如何实现交付的数字化升级

为了有效提高货物交付速度，企业可以从引进货物 ETA 分析系统、智能识别并预警延期风险、实现全渠道交付三方面入手，实现交付数字化升级。

### 12.2.1 引进货物 ETA 分析系统

ETA（Estimated Time of Arrival，预计到达时间）是外贸业务中的一个术语，指的是货物的预估到达时间。准确预估货物到达时间对于供应链管理十分重要，可以提升用户满意度和供应链效率。

引进 ETA 分析系统对于外贸行业主要有以下几点好处。

（1）提高供应链效率。企业可以借助 ETA 分析系统对货物的到达时间进行预估，从而合理安排采购、仓储、物流等工作，提高供应链整体运营效率。

（2）提升用户满意度。在外贸行业中，企业对货物的到达时间十分关注，准确的 ETA 能够助力企业合理安排工作，预留出接收货物的时间，避免因货物逾期送达而遭受损失。

（3）降低成本风险。企业可以利用 ETA 分析系统有效降低成本风险。企业可以随时查看货物运输情况。如果货物提前送达，则企业可以及时安排生产、发货等事务，避免因货物提前送达而付出额外的仓储费用；如果货物没有按时送达，企业也可以先安排其他事务，避免因等待货物而造成人力、物力浪费。

ETA 分析系统主要应用于以下 3 个方面。

（1）供应链管理。ETA 是供应链管理的重要组成部分。ETA 分析系统能够实现供应商、物流企业以及买方的对接，买方可以及时掌握货物运输信息，结合路途远近、海关清关速度等因素，对货物的到达时间进行预估，合理安排库存，提高供应链效率。

（2）客户沟通。在外贸业务中，ETA 是企业与客户展开沟通的一个重要话题。在交易过程中，企业要随时向客户汇报货物的运输进程与预计到达时间，帮助客户提前做好接收货物的准备，使客户对企业有更多好感和信任。

（3）决策支持。ETA 分析系统可以为企业决策提供参考。借助 ETA 分析系统，企业可以及时调整生产计划，有效提高决策的可靠性与准确性。

ETA 的准确性对整个供应链的运作和货物交付的时效性都有影响，有效提高 ETA 准确性主要有以下 3 个方法。

（1）数据共享。企业应该与供应商、买方以及供应链上的其他企业建立紧密联系，从而做到信息实时共享。通过实时获取货物发出时间、清关时间等，企业能够有效预估货物到达时间。

（2）运输管控。企业应该加强对货物运输过程的监控，随时了解货物情况，及时解决问题。使用物流追踪系统、与物流企业保持密切联系等方法都可以助力企业随时掌握物流信息，提高 ETA 的精确度。

（3）风险评估。ETA 预估的准确性与多种风险因素有关，如天气、政策、海关清关时间等。任何一个因素出现变动都有可能导致货物延迟交付。因此，企业应在进行 ETA 预估时考虑到这些因素，并对这些因素进行风险评估，从而确保 ETA 评估结果具有可靠性和准确性。

总之，在交付数字化升级方面，ETA 分析系统是一个重要的工具。企业可以将其与 AI、GPS 监控、地图等相结合，提高预估的准确性，确保货物准时交付，提高用户满意度。

### 12.2.2 智能识别并预警延期风险

企业可以借助技术打造风险监测系统，随时监测运输车辆情况，保护货物安全。企业还可以建立货物延期交付风险预警机制，提前制定货物延期交付的应对措施。

例如，某智慧物联网企业基于以往运输过程中产生的基础数据，研发出一个智能化车队管理系统。该系统在智能识别和预测风险、货物交付延期预警方面表现卓越，能够助力企业降低运输成本，提高运输效率，保证货物交付的准时性。

**1. 智能识别和预测风险**

该系统拥有强大的智能风险预测功能，能够从人、车、路 3 个维度出发，实时采集数据，并借助 AI 技术解析数据，从而实现对潜在风险的预测和对运输车队在途风险等级的评定。企业可以借助该系统随时查看风险状况，并第一时间干预，降低事故发生概率。

该系统将算法应用于物流运输场景中，能够有效解决车队管理的时间、成本等问题，推动车队管理走向智能化，助力车队实现准时交付，获得更多用户信任。

**2. 货物交付延期预警**

该系统集成了传感器、GPS 和物联网技术，能够实时监控车辆位置、速度、行驶路线以及货物状态，确保货物在运输过程中安全可控。

该系统还有货物延期交付风险预警机制，可以通过收集和分析历史运输数据、天气信息、交通情况等，运用大数据分析和机器学习算法，预测货物在运输过程中可能出现的延期风险。当系统检测到潜在风险时，会自动触发预警机制，向相关人员发送预警信息，提醒他们提前应对。

在应对措施方面，该系统能够为企业提供多种可供参考的方案，如调整运输路线、增加运输车辆、优化调度方案等，最大限度降低货物延期交付的风险。

### 12.2.3 全渠道交付大行其道

随着消费行业线上线下一体化趋势更加明显，线下零售商、终端消费场景与线上零售商的距离逐步拉近。对于这种转变，企业也要有意识地对经营策略和交付渠道布局做出调整，实现全渠道供应链升级。

企业进行全渠道供应链升级主要有 4 个诉求，分别是多渠道快速接入、业务运营效率提升、避免库存数据割裂、业财一体化。

**1. 多渠道快速接入**

企业面对的用户众多，在发展过程中需要拓展新渠道。每条新渠道都需要打通整条供应链，而传统的系统已经无法满足新渠道日益增长的订单需求，也无法覆盖新渠道中所有业务场景，导致大量的订单无法及时交付，拉低了工作效率。多渠道快速接入能够助力企业加快开辟新渠道的步伐，提升交付效率。

**2. 业务运营效率提升**

运营团队的规模会随着企业规模的扩大而扩大，同时也会造成人力成本增加。过多的人力会使沟通方面存在的问题增多，从而使交付效率降低。因此，企业需要利用数字化手段节省人力，将人才投入到更有价值的业务中，提高整体运营效率和交付效率。

**3. 避免库存数据割裂**

企业在不同的渠道运行不同的 IT 系统容易造成库存数据不同步，无法对库存进行实时共享与管理。库存数据割裂容易造成员工之间配合度降低，不利于供应链管理。

**4. 业财一体化**

传统的系统往往只能解决核心场景中的问题，提供基础的解决方案，无法与其他系统，如财务系统兼容，也无法形成数据闭环。而且，由于各个系统之间数据不互通，因此整个供应链无法实现协同。只有实现业务系统和财务系统一体化，整条供应链才能高效运转，确保货物交付顺利进行。

全渠道交付是全渠道供应链体系的一个重要组成部分。在全渠道供应链升级的环境下，产品交付已经由传统较为单一的到店交付转变为"线上交付+到店交付+到家交付"。在未来，到家交付有望成为主流交付模式。

企业想要在 To B（To Business，面向企业）与 To C（To Consumer，面向用户）两个场景中都实现全渠道交付，就要实现数据打通、业务协同，打造智能化供应链管理体系。

云徙科技是一家知名的数字化技术服务商，致力于为企业提供数字化解决方案，帮助企业实现全渠道交付。云徙科技推出了全渠道供应链解决方案，将"人、货、场"作为基础增长要素。

在全渠道供应链解决方案帮助下，各个渠道的订单都能够实现同步，例如，小程序、App、电商平台等渠道的订单，都能够通过 OMS（Order Management System，订单管理系统）汇集，交由全渠道供应链平台履约。

云徙科技的全渠道供应链解决方案能够实现 4 个方面的统一，分别是统一运营、统一订单、统一库存和统一结算。

（1）统一运营。云徙科技的全渠道供应链解决方案能够将 B 端与 C 端的差异化运营转变为 B 端与 C 端的合并运营，实现业务的统一管理。

例如，C 端的订单具有体量小、频次高、合单少的特点，与 B 端的订单有很大不同。因此，面向 B 端和 C 端，企业的结算端口、履约发货、库存体系搭建等都需要实现定制化。在统一运营后，全渠道供应链解决方案会在订单板块建立统一的模型，同时接入 B 端与 C 端，将两个渠道的订单合并，实现统一履约。

（2）统一订单。在实现统一运营的情况下，企业需要以数据为中心，根据不同的拣货场景进行不同的订单处理。而借助全渠道供应链解决方案，企业能够实现对订单的统一集成和管理，并支持多种业务模式下差异化的规则与流程。

（3）统一库存。在库存管理方面，全渠道供应链解决方案搭建了 4 层共享库存模型，分别是账实分离库存模型、供货策略、渠道库存预占策略、逻辑库存预占策略。在整个供应流程中，销售端会将计划分享给前端渠道，前端渠道会判断产品的销售情况，并对产品进行分类，畅销产品会按照额度分配给不同的前端渠道，普通款产品会按比例分配给前端渠道，实现库存利用最大化。

（4）统一结算。全渠道供应链解决方案具有统一结算功能，能对信用进行分层管控，实现应收应付的财务自动化对账和收入结算。在企业日常运营中，该解决方案能够在工作人员拉取账单时自动解析本地的实收账单，并核实应收和实收账单。

总之，全渠道供应链全面升级，能够帮助企业连接线上线下终端场景，从而实现全渠道产品的精准运营；能够打通产品上下游，改变原有仓储模式，打造全新的产品供应体系，确保准时交付；能够依托数字技术，实现全渠道交付，提升用户满意度。

## 12.3 "数字化+交付"的代表性案例

在数字经济时代，实现数字化交付的企业拥有更大的竞争优势。许多企业都通过数字化交付提高运营效率，获得更多用户的喜爱。下面讲述3个数字化交付代表性案例，分别是日化企业进行订单智能履约实践，运易通注重物流履约质量，西门子利用供应链数字化缩短交付周期。

### 12.3.1 日化企业：以打造全渠道供应链实现订单交付

随着互联网不断发展，线上线下共同发展已经成为共识。虽然全渠道能够给企业带来许多机会，但也会给企业带来变革。

例如，日化行业存在供应链过长、需求多变、仓储运营成本高等问题。在此基础上，多元化渠道又会带来许多新问题，例如，无法统一管理、重复备货、成本增加等。虽然线上线下渠道并存能够拓宽销售渠道，但在产品交付方面存在弊端，对需求的响应能力较弱，不利于企业拓展新市场。

面对这种情况，物流科技企业安得智联为日化企业提供了全链路解决方案，打造了数字化物流管理平台以及完善的仓配网络，实现了物流供应链协同和全渠道销售，使日化企业能够及时响应供应链物流需求，提升工作效率和用户满意度。

安得智联的供应链解决方案主要包括3个方面，分别是数智化系统服务、自动化仓储作业，以及全渠道网络配送。

（1）数字化系统服务。基于安得智联的供应链解决方案，企业能够实现业务在线化、订单与库存的可视化运营和协同管理，提高工作效率；有效解决全链路数据追溯问题，可以追溯产品质检到产品送达的整条路径；能够实现与用户的灵活对接，保障从产品生产到售后的整个流程都能够快速响应用户需求；对线上线下的订单进行统一管理，从而实现数据协同。

（2）自动化仓储作业。安得智联能够为企业提供专业的仓储管理服务，实现运输信息网络化、数字化，并采用 RFID、条形码等手段实现产品溯源；对产品新鲜度进行管控，并进行临期预警，减少临期产品。在安得智联供应链解决方案帮助下，企业可以大幅提高产能，在大促高峰也能够保证物流系统平稳运行。

（3）全渠道网络配送。基于物流运输数据，安得智联打造覆盖全国的物流网络，为用户提供从工厂、仓库、供应商到店铺的一站式服务，从而提升仓库的配货效率，节约运营成本。

安得智联基于自有仓网以及自身的数字化、自动化变革经验，整合了全渠道供应链中的资源，打造了供应链短链，建立了区域库存共享体系，合理利用渠道库存，实现了供应链的智慧化升级。

智慧供应链能够有效解决日化行业面临的困境，帮助企业增强连接 B 端和 C 端的能力，从而打造全渠道核心竞争力。在安得智联的帮助下，企业全渠道订单履约率、库存准确率、发货及时率等都有所提高，在实现统一产品调度后，企业库存成本降低，资金压力减小。

例如，安得智联与日化行业头部企业立白展开合作。安得智联是立白的重要合作伙伴，从仓网和运输网两个方面出发，为立白提供端到端的供应链服务。在仓网方面，安得智联帮助立白进行仓网规划，为运输车辆匹配优质运输路线，为经销商提供高效配送服务。在运输网方面，安得智联运用核心仓储资源为立白打造了 5 个电商仓库，实现了仓配一体化。

在"'双 11'购物狂欢节"期间，为了应对大量订单，安得智联为立白提供了即时新建分仓服务。这项服务能够帮助立白灵活调配货物，保障订单按时交付。为了在更多大促活动中保障更多日化企业的数字化交付，安得智联全面提升物流质量，深化仓网规划，帮助企业以最短链路、最快速度将货物送达用户手中。

安得智联拥有丰富的供应链物流服务经验，未来将继续以全渠道供应链服务帮助日化企业实现高效的订单交付，为日化企业创造更大价值。

### 12.3.2 运易通：注重物流履约质量

运易通是中国外运打造的数字化物流电商平台，能够为企业提供全链路数字化物流服务，形成了线上线下一体化的物流服务模式。

运易通主要关注B2B（Business to Business，企业对企业）物流服务领域，致力于打造全能的物流电商平台。运易通的服务范围较广，包括国际、国内订舱，网络货运，关务，国际多式联运，空运，小商品运送，跨境电商和大宗商品运送等，是国内规模较大的物流电商服务平台之一。

运易通十分注重物流的履约质量，为此专注于在4个方面进行创新，如图12-3所示。

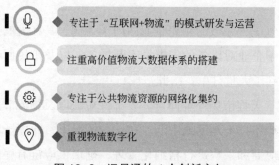

图12-3 运易通的4个创新方向

（1）专注于"互联网+物流"的模式研发与运营。运易通将传统物流与互联网相结合，利用互联网的优势，为企业提供在线物流服务；创新了以分布式资源共享为特征的服务模式，能够有效提高企业的物流体验；连接各方资源，与它们携手构建共享、共生的物流服务生态。

（2）注重高价值物流大数据体系的搭建。运易通十分重视物流大数据体系的搭建，以闸口、铁路、码头等核心物流节点为基础搭建了物流大数据体系，相关方能够及时获得这些关键物流节点的消息，及时处理异常情况。

（3）专注于公共物流资源的网络化集约。通过线上平台，运易通能够将散落在各处的物流资源整合起来，为用户提供优质的在线服务。在线下，运易通可以实现资源封装，为用户提供标准化的物流产品，打造线上线下一体化服务体系。

（4）重视物流数字化。运易通十分注重物流数字化基础设施建设，从物流在线服务、物流订单作业流转和数据交换3个方面出发，为用户提供完善的基础设施。

总之，物流行业数字化转型势在必行，而运易通的出现，能够从多个维度为用户提供简单、便捷、高效的物流体验，有效降低物流成本，提高物流履约质量。

### 12.3.3　西门子：供应链数字化赋能交付周期缩短

新能源产业的崛起、能源结构优化等因素，使得电子电气工程行业迅速发展，许多企业借此机会积极转型。但是，转型之路并不是一帆风顺的。

以电子电气工程领域的领先企业西门子为例，其在发展过程中遇到了许多问题。由于企业对设备的需求量不断增加，以及市场回春造成需求上升，西门子接到了大量订单，由此造成订单积压。

就电子电气工程市场环境而言，零部件短缺以及物流节点堵塞，导致许多产品的生产不得不延迟或中断。在这种情况下，西门子看到了发展机会，通过对供应商和采购进行精细化管理，确保供应链有序运转，提高了生产速度，做到了按时交付。

在全球范围内，西门子的供应商多达十几万家，其中约2万家是其首选供应商。西门子将供应商分为4类，分别是技术合作型、优化市场潜力型、有效经营型和保证供应型。为推动供应链体系不断完善，西门子采取了一些措施改变供应商原本的被动地位，使供应商积极参与供应链管理。

电子电气供应商之所以处于被动地位，是因为供应链各个环节没有实现有效对接，信息不对称的情况十分严重。企业的采购订单决定了供应商的备货量，供应商难以合理规划自身库存。

对于这种情况，西门子决定要实现适当的信息透明，既可以保护企业的数据不泄露，又可以帮助供应商科学备货，做到双方都满意。例如，在寄售物料方面，西门子适当公开寄售物料使用信息，供应商可以据此制订合理的补货计划，实现寄售库存和资金占用的平衡，提高资金周转率。

此外，供应商可以根据需求数据合理制订物料采购计划，利用好每一笔资金，提升仓库利用率，获得更多销售机会。

电子电气产品种类繁多、规格复杂、需求量大，使得企业进行精细化管理的难度很大。即便在医院这种信息化程度相对较高的场所，仍需要许多人力对电子电气产品进行管理。对于这种情况，西门子尝试将流程前置，让供应商参与电子电气产品管理，有效解决问题。

例如，西门子搭建了供应商管理系统，在该系统中设置了每种物料需要上传的资质证书，供应商可以自行上传，实现高效的证书管理。这样一方面提高了证书管理效率，另一方面鼓励企业积极参与、维护证书管理体系。

在代销对账环节，供应商管理系统提供设置结算周期与对账日期的功能，并自动在对账日生成相应的账单，为企业提供结算周期内寄售物料使用明细和金额。供应商可以通过该系统核对、确认，然后开具发票。该系统能够节约西门子和供应商对账的时间，减少对账的工作量，大幅提高对账效率。

在供应商主动参与供应链管理后，西门子与供应商的关系更加密切，有效放大了供应商的价值。供应商能够帮助西门子分担工作，助力西门子提升供应链效率、降本增效。

为了实现业务高效协同，西门子使用"数据+系统"双轮驱动的方法。在数字化时代，数据是十分宝贵的资产。西门子将数据作为重要生产要素，整合信息技术与操作技术，充分挖掘数据的价值。

西门子搭建了大数据管理系统，能够有效提高生产效率、生产过程的透明度和产品质量。大数据管理系统能够对产品的全生命周期进行管理，从而提高数据管理效率，缩短订单交付时间，加快回款速度。

除了对数据信息进行充分利用外，西门子还建立了能够快速响应市场需求的数字化体系，从而快速解决积压的订单，满足用户需求，为自身高速发展奠基。该数字化体系主要有以下5个部分。

（1）集中采购管理系统。该系统内置采购业务流程，通过搭建统一的采购工作窗口实现与供应商在采购方面的在线协作，有效提高工作效率。

（2）经销商渠道系统。该系统能够细化企业管理经销商的颗粒度，对确保经销商质量有着重要意义。企业借助智能化报表，能够有效规避经销商可能引发的风险。

（3）资产周期管理平台。借助该平台，企业可以从源头提高固定资产的信息化管理水平，对资产实行"一码对接"的一体化管控。

（4）订单管理平台。手动处理订单需要大量人力、时间，借助订单管理平台，企业能够实现订单处理自动化、统一化，有效提高订单处理速度，简化企业采购审批流程，实现订单管控。

（5）招标竞价平台。借助该平台，采购方可以完成招标项目审核、招标邀请发布、竞价管理、招标结果公示等全流程招标工作；供应商可以自主投标，上传相关资料供采购方审核。

一个优质的数字化平台能够帮助企业实现高效的信息整合，从而增强系统的订单执行能力，提高企业响应市场的速度，有效提升产品市场份额。

西门子通过搭建大数据管理系统和快速响应市场需求的数字化体系实现供应链数字化转型，缩短货物交付周期。其在数字化交付方面的实践值得其他企业借鉴。

# 第13章 供应链金融数字化转型

供应链金融是推动各类产业、行业进行数字化转型的关键力量，在激发市场活力、促进实体经济发展、提升供应链韧性和弹性、推动供应链高质量发展等方面发挥着重要作用。随着金融科技与产业互联网的融合进一步加深，传统供应链金融拥有了创新发展的新鲜血液，加快了数字化转型的步伐。

## 13.1 供应链金融变革：深度数字化

供应链金融变革的一大特点是深度数字化，具体体现在业务流程线上化、风控决策自动化、数据交易可视化、信用评估数据化等方面。本节将从供应链金融的定义与场景、供应链金融数字化转型的价值、供应链金融数字化需要哪些技术入手，结合两个真实案例，详细讲解供应链金融。

### 13.1.1 数字化转型：供应链金融的定义与场景

供应链金融是供应链管理的重要组成部分，以提升供应链运营效率为主要目的。供应链金融是指运用金融科技手段，从供应链整体出发，构建以核心企业为主导、核心企业与上下游企业一体化发展的金融供给和风险评估体系，并提供系统性的金融解决方案，以及时满足产业链上各个企业的需求，提升产业链价值。

供应链金融不仅是供应链上产品接收阶段的融资行为，还可以延伸到整个供应链运营过程中。根据融资行为在供应链运营中发生的时间点，供应链融资可以分为4类，即战略融资、装运前融资、在途融资和装运后融资。

在供应链金融中，融资需求方（即中小型企业）可以根据其在供应链中的位置决定具体的融资模式。供应链金融的本质是利用供应链上各个主体的债权、物权关系进行融资。根据中小型企业在供应链中所处的位置，可以将供应链金融划分为3种场景。

（1）中小型企业为供方，核心企业为买方。在这种情况下，融资模式一般为应收账款融资与订单融资模式。应收账款融资的具体表现是钱货两清，但是随着赊销成为主流交易模式，处于供应链上游的企业因为存在应收款而承受现金流紧张的压力。尤其是供方为中小企业时，这种压力更加明显。在这种场景下,上游供方会根据应收账款申请融资。

订单融资指的是供方为了采购原材料或者进行生产而向金融机构申请融资,订单属于未来的应收账款。这是一种依托于供应链的信用融资。

(2)中小企业为买方,核心企业为供方。缺乏资金的买方为了向供应商下订单而出让自己的部分提货权向金融机构申请融资。在这种情况下,金融机构为买方代付预付款,供应商实现了资金的快速回流,而买方则获得了一笔预付款融资。

(3)买方与供方企业体量相似。在该场景下,供需双方实力相当,双方可以根据具体情况约定交易支付方式,由此形成了不同的融资方式。具体来说,不仅包括应收账款融资、订单融资、预付款融资等融资方式,还包括以 B2B 平台为基础的提前回款融资。

此外,供应链融资可以根据申请融资所依赖的底层基础划分为债权融资和货权融资。传统供应链金融中的库存融资便是货权融资。库存融资的应用场景较为广泛,不局限于上游或下游,供应链交易过程中所有的原材料、半成品、成品等库存都可以作为质押物来申请融资。

### 13.1.2 供应链金融数字化转型的价值

供应链金融数字化转型具有很重要的战略意义,其价值主要体现在以下 3 个方面。

(1)供应链的高效运转离不开金融活动的支持,供应链数字化转型需要与数字化供应链金融服务相匹配。我国的经济增速仍处于高位,"产业数字化"是数字经济发展的主要阵地。

近年来,我国企业的数字化格局发生了突破性变化,许多数字化后进者开始积极推行数字化转型。虽然实现高度数字化、供应链全链条数字化是一个漫长的过程,但供应链数字化转型是大势所趋。

企业在供应链数字化转型过程中需要投入大量资金,而供应链金融作为供应链运营的重要分支,需要提供相应的产品与服务。一方面,数字化供应链具有高效协同的特点,而传统供应链金融服务无法实现协同,也无法及时识别风险;另一方面,数字化供应链会催生更多要求高、复杂性强的金融需求,供应链金融需要提供数字化程度更高的服务满足这些需求。

（2）供应链金融市场需求增加，数字化手段成为推动行业发展的利器。由于经济下行、市场不景气，企业赊账比例持续上升，现金流压力增大，对供应链金融的需求更加迫切。市场中存在产品供大于求的问题，竞争加剧，企业赊账比例逐渐升高，资金回收周期延长，企业应收账款的规模越来越大。

在多重因素影响下，企业需要更加丰富、灵活、大额的资金供应来缓解现金流压力，并应对各种潜在风险。

（3）传统供应链金融存在问题，需要通过数字化手段来打破发展瓶颈。供应链经济的发展速度很快，但与之相比，供应链金融的发展则相对缓慢，主要表现为供应链发展体系不平衡、核心企业工作积极性低下、供应链安全防护较差（存在泄密风险）等。为了解决这些问题，企业可以将更多数字化手段应用于供应链金融，从服务范围、成本、效率等方面实现全面提升。

### 13.1.3 供应链金融数字化需要哪些技术

供应链金融数字化离不开各类技术赋能。在供应链金融发展到 2.0 阶段时，其数字化主要体现为业务流程线上化与运营管理信息化，需要的技术主要是信息通信技术。随着云计算、人工智能等技术的出现，供应链金融逐步走向 3.0 和 4.0 阶段，实现了产品创新。

供应链金融数字化能够不断进阶，离不开以下技术的支持，如图 13-1 所示。

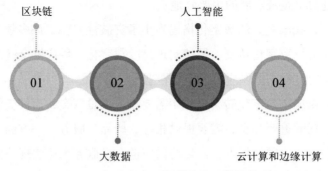

图 13-1 供应链金融数字化需要的技术

**1. 区块链**

作为一种分布式账本，区块链为供应链金融带来了巨大的变革。区块链技术具有不可篡改性，能够生成一份不可篡改的、可信的记录，并共享给供应链的上下游企业，实现数据互通。这使得供应链金融的各个主体都能够第一时间获得产品的相关信息，有效提高信息透明度和各个主体的工作效率。

区块链技术还能够用于智能合约的创建。企业可以借助区块链技术创建智能合约，实现合约自动执行。智能合约能够简化烦琐的手续，有效降低双方的交易成本，实现工作效率提升。

**2. 大数据**

大数据是供应链金融数字化转型过程中不可或缺的重要技术。供应链金融数字化涉及数据众多，传统方式无法大批量、高效处理数据，因此需要大数据的帮助。大数据可以对数据进行深入挖掘与分析，从而发现其中的规律，帮助企业做出正确决策，提高决策准确率。

**3. 人工智能**

人工智能在供应链金融数字化过程中主要用于风险控制和智能决策。例如，人工智能技术能够对供应链中的异常行为进行监测，及时发现风险，从源头避免事故发生。人工智能技术还能够助力企业根据历史信息做出智能决策，有效提高决策准确率。

**4. 云计算和边缘计算**

云计算和边缘计算能够为供应链金融数字化提供算力支持。传统供应链金融需要强大的硬件设施和数据中心支撑其日常运营，企业运营成本很高。而企业借助云计算和边缘计算，可以将数据和资源存储在云端和边缘节点，从而实现资源有效管理和运营成本降低。

云计算和边缘计算能够降低供应链数字化系统的操作难度。用户可以在缺乏独立软件和高配置硬件的条件下，借助云端服务进入供应链金融平台，更加便捷地进行相关操作。

### 13.1.4 微众银行：以数字金融服务助力现代化体系建设

微众银行是国内首家民营银行，专注于为中小型企业提供优质的金融服务。为了进一步提高自身服务能力，推动重点领域企业发展，加快现代化产业体系建设，微众银行充分发挥自身数字金融服务优势，为中小型企业提供更多差异化服务。

例如，武汉万中宏强建筑劳务有限公司（以下简称"万中宏强"）是一家主营建筑工程施工、劳务分包的综合性建筑劳务企业。

建筑行业具有项目资金投入大、资金来源不稳定、参与主体众多、回款周期长等特点。万中宏强作为建筑施工方，承受着较大的资金压力。

为了解决资金问题，万中宏强在其上游企业帮助下申请了微众银行的"微业贷"特色金融产品。

这是微众银行利用数字化供应链金融服务企业的一个典型案例。微众银行还基于多年来服务中小型企业的经验，以产业场景为基础，根据行业特点，针对供应链金融的痛点，推出了很多数字供应链金融服务产品。这些产品能够为企业增添活力，实现经销商、供应商的现金流和银行贷款的良性循环，能够对资金风险进行精准把控。

微众银行的"微业贷"操作十分便捷，能够实现线上操作、快速审批，满足了供应链上游企业对融资速度的需求。微众银行借助大数据风控等手段，从淡旺季、资金需求差异等方面出发，为企业提供个性化、定制化的融资服务。

除了帮助中小型企业，微众还积极响应政策号召，为大基建、大消费、大健康和高端制造等领域的企业提供金融服务。大基建主要指实力强劲的供应商，大消费主要指食品饮料、家具家电等领域的大型零售商，大健康主要指医药和医疗器械领域的流通商，高端制造主要指发展战略性新兴产业的大型制造企业。

微众银行积极为这些企业提供数字化金融服务，帮助下游供应商、经销商解决资金和资源问题，推动供应链上的企业实现协同发展，充分释放链主企业的战略价值。

未来，微众银行将持续利用科技力量，深耕数字供应链金融服务领域，打造数字普惠金融新生态，推动现代化产业体系建设。

### 13.1.5 网商银行：以"大雁系统"升级数字金融

为了进一步提高自身服务水平，网商银行推出了"大雁系统"。"大雁系统"是一套以供应链为基础的数字金融解决方案，能够为企业提供优质的金融服务。

以网商银行与荣耀手机的合作为例。用户更换手机的频率降低，使得智能手机行业的竞争日趋激烈。荣耀的线下经销商大多为中小型企业，这些企业规模较小、资金有限，每次荣耀新品发售，经销商都面临巨大的资金压力。

为了缓解经销商的资金压力、提升手机销量，荣耀与网商银行合作，引入其"大雁系统"。大雁系统能够为下游经销商提供滴灌式资金支持，使它们有充足的资金进货，进一步优化上游进货、下游销售等环节。

为了进一步提升数字供应链金融服务质量，荣耀还与网商银行在联合贴息、联合风控等方面合作，为经销商提供一定的利息补贴，使它们能够以较低的价格采购新品。在这样的举措下，许多经销商开始积极主动地进货，市场活力被激发。

在线下销售环节，荣耀与花呗合作，用户购买产品时能够享受分期支付、购机免息等服务，有效拉动了产品销量。荣耀与大雁系统以及花呗的合作，助力其开辟更大的发展空间，实现了业绩高速增长。

未来，网商银行将会借助大雁系统携手更多企业，为它们提供合理的供应链金融解决方案，助力它们实现长久发展。

## 13.2 实现数字供应链金融的要点

如今，供应链金融已进入 4.0 发展阶段，即数字供应链金融阶段。企业要想实现数字供应链金融，就要了解其要点，在各个方面做好准备。具体来说，实现数字供应链金融的要点有 5 个，分别是挑战与创新、规模与投入、收益与用户体验、预测与协同、组织与战略。

### 13.2.1 挑战与创新

数字经济的发展离不开基础设施建设，网络带宽、云计算中心、人工智能软件等都对数字经济的发展起着推动作用。

如今，基于物联网、云计算、大数据等技术的数字供应链金融与产业互联网融合发展，利用体量庞大、覆盖范围广泛的数据拓展数字供应链金融的深度和广度，为企业带来更加开放、高效的系统平台和运营体系。基于此，数字供应链金融业务模式趋于自动化、模型化，能够在更多行业与场景中落地。

虽然目前的主流供应链金融服务模式仍以核心企业为中心，但是随着其不断发展以及普惠金融的服务边界不断拓展，资金端的竞争更加激烈，以数据信用为中心的金融服务模式有了进一步发展。

数字供应链金融以应用场景为基础，以竞争为发展动力。在如今供给过剩的时代，竞争成为常态，只有不断探索、加强创新，企业才能找到一条适合自己的发展道路。随着新技术得到应用与基础设施不断完善，数字供应链金融产品类型更加丰富。在持续竞争下，数字供应链金融领域将会有更多新产品涌现，使得该行业更加细分、更具生命力与发展潜力。

### 13.2.2　规模与投入

数字经济具有规模效应，一般只有产业和企业达到一定规模后，才能发挥海量数据的优势，对海量数据进行处理、分析和合理应用，而中小型企业不具备这种优势。这也是以核心企业为中心的数字供应链金融模式能够持续发展的原因之一。

通过打造数字供应链金融服务平台，核心企业能够将数据作为推动力，以线上方式为供应链上的中小型企业提供更加高效、便捷、优质的金融服务。

中小型企业在两个方面具有局限性。

一方面，这类企业主要忙于生存，对数字化转型的需求不是很强烈。这类企业一旦数字化转型失败，就会面临巨大的风险，因此在生存压力下，它们很难迈出数字化转型的步伐。

另一方面，中小型企业拥有的资金和可以获得的融资有限，因此会谨慎地进行成本投入。如果无法明确投入可以带来多少收益，那么中小型企业基本不会将资金投入到需要持续投入的方向，而是将资金投入已经得到验证、获得成功的方向，以降低投资的风险和不确定性。

作为数字经济的参与者，企业的行为和活动受自身规模和投资能力限制。在这种情况下，企业可以共建以核心企业为中心的数字供应链金融服务平台，不断进行产业价值链条优化，实现资源整合，从而推动数字供应链金融生态建设。

中小型企业可以利用数字供应链金融服务平台中的资源，降低融资成本和资金投入风险，实现快速发展。数字供应链金融服务平台还可以帮助金融机构对企业、项目等进行风险评估，搭建科学的信用体系，为企业提供实时的供应链金融服务；可以帮助监管机构跟进项目，实现对行业的规范治理，有效提高行业发展水平，使行业朝着正确的方向前进。

### 13.2.3 收益与用户体验

当今时代，新技术不断涌现，大模型、算法等取得了很大进步，用户的个性化需求能够得到更好的满足。企业也能够在保护用户隐私、维护用户数据安全等方面实现突破，为用户带来更好的体验。

在激烈的市场竞争下，用户有了更大的选择空间。因此，数字供应链金融平台运营者不得不思考如何平衡收益与用户体验，以及如何实现长远发展。数字供应链金融平台运营者的压力很大，不仅要满足用户的多样化需求，为用户带来良好的体验，还要做好运营工作，不断突破，实现更高的经营目标。

企业需要在原有业务基础上，不断深入挖掘和纵向拓展，实现产品质量、覆盖广度和创新度的提升。此外，企业还要考虑许多问题，包括业务拓展成本、付出时间和沟通成本，以及自身是否具有拓展业务的能力，是否能够实现新业务与旧业务的协同发展等。

在平衡收益与用户体验方面，一些企业已经进行了探索。它们不断打造数字供应链金融服务产品，提升用户体验，实现产业的横向协同和纵向深入，充分释放数字供应链金融的价值。

### 13.2.4 预测与协同

预测是制订计划的基础和前提，人们对事物的预测可以划分为 5 个阶段。

第一个阶段是原始预测。这种预测准确率较低,一般仅有40%左右。

第二个阶段是统计预测。这一阶段的预测准确率有所提高,为50%左右。

第三个阶段是需求计划。在预测时考虑因果效应,预测结果的误差降低至30%左右。

第四个阶段是模型预测。通过建立模型的方式进行预测,预测准确率达到85%左右。

第五个阶段是机器学习。这一阶段借助人工智能进行预测,预测准确率达到90%左右。

IBM曾经做过一项关于未来供应链的调查,列举了许多供应链所面临的挑战,其中排在前5名的是成本控制、供应链可视化、风险管理、用户需求增加、全球化。如今,这些仍是当前供应链面临的主要挑战。

数字供应链金融主要面向供应链基础场景,从产业链、供应链等多个链条收集数据并对其进行分析,从而为供应链成本控制、用户需求预测、上下游协同、风险管理等提供有力支撑。

虽然当前供应链计划和管理仍具有一定的复杂性,但只要数字供应链金融不断发展,便能够更好地服务产业链、供应链,提升供应链整体协同能力,助力构建数字供应链金融生态体系。

### 13.2.5　组织与战略

数字经济给数字供应链金融带来许多变化,具体表现在生产要素、生产方式、核心驱动、组织方式4个方面。

在生产要素方面,数字供应链金融拥有了能够实现自生长的数据要素;在生产方式方面,生产方式由自动化、标准化、集约化向智能化、定制化、分布式转变;在核心驱动方面,驱动数字供应链金融发展的因素由原本的资源、要素转变为技术创新;在组织方式方面,由传统的以产业链为基础的专业化分工与聚集模式转变为以互联网为基础的分布式资源与服务协同模式。

数字供应链金融能够有效解决两个问题:一是成本问题,二是效率问题。在海量数据和大数据技术支持下,供应链上下游能够实现信息对接与流动，从而实现更高效的协同和更显著的降本增效。

数字经济能够为数字供应链金融发展提供动力，而数字供应链金融能够为数字经济发展提供有效支撑，二者相互促进、共同发展。同时，数字供应链金融持续发展还能够为供应链数字化转型提供动力。未来，随着数字供应链金融不断发展，其将为数字经济带来更多新鲜事物和创新生产力。

### 13.2.6 菜鸟：自主升级供应链金融服务

作为阿里巴巴旗下的物流企业，菜鸟对其供应链金融服务进行转型升级，由服务部分商家的"专利"模式，转变为服务所有商家的"入仓便可以获得贷款"模式，许多金融机构纷纷对菜鸟的转变做出响应。在"618"大促期间，菜鸟准备了百亿元资金投向市场，确保商家在资金方面没有后顾之忧。

菜鸟基于自身供应链金融运作经验，为企业提供多元化的解决方案和多种融资产品，并与多家商业银行和供应链金融机构合作，共同为企业提供多样化的金融服务。

菜鸟供应链金融负责人认为，行业内的供应链金融服务往往存在综合风控能力不足问题，只有少数商家才能通过消费品动产融资获得贷款，而菜鸟供应链金融实现了只要商家进仓便可获得贷款。

菜鸟将供应链金融的发展重点放在消费品动产融资方面，沉淀了许多独特的能力。例如，菜鸟供应链金融拥有对仓内消费品进行估值的能力，能够对仓内产品的价格、周转趋势等进行实时监控，并实时计算授信额度和水位（供应链金融领域的专业术语，描述资金流动性和资金压力）。

菜鸟供应链金融的"入仓即可贷"服务面向全国全面推广，随着国家智能物流骨干网的建设，覆盖了整个菜鸟云仓体系，帮助更多的企业和商家应对大促活动中的资金问题。自菜鸟供应链金融服务推出以来，放款金额已超过百亿元，并持续向外部金融机构输出金融科技能力，使数字供应链金融服务向更多方面渗透。

随着新零售和物流行业不断发展，菜鸟供应链金融平台将进一步拓展服务范围，实现线上线下全覆盖，为供应链上下游企业提供更全面的金融服务。